정말 영적기도의 비밀은 있습니다!

Originally published in the U.S.A
Under the title
A Divine Revelation of Prayer
Copyright ⓒ 2009 by Whitaker House,
30 Hunt Valley Circle, New Kensington, Pennsylvania 15068, USA

Korean Translation copyright ⓒ 2009 by Grace Publishing Company
178-94 Sungin-dong Jonglo-gu Seoul, Korea

이 책의 한국어판 저작권은 Whitaker House 와의 독점판권
계약에 의해 은혜출판사에 있습니다.
저작권법에 의하여 한국 내에서 보호받는 저작물이므로
무단전재와 무단복제를 금합니다.

정말
영적기도의
비밀은
있습니다!

메어리 K. 백스터 지음 조용만 옮김

| 머리말 |

여러분은 자신이 하나님 앞에 얼마나 소중한 자들인지 알고 있습니까? 여러분은 성경이 다음과 같이 말하고 있을 만큼 매우 소중한 존재입니다.

> 하나님이 이르시되 우리의 형상을 따라 우리의 모양대로 우리가 사람을 만들고 그들로 바다의 물고기와 하늘의 새와 가축과 온 땅과 땅에 기는 모든 것을 다스리게 하자 하시고 하나님이 자기 형상 곧 하나님의 형상대로 사람을 창조하시되 남자와 여자를 창조하시고 (창 1:26-27)

> 그를 하나님보다 조금 못하게 하시고 영화와 존귀로 관을 씌우셨나이다 주의 손으로 만드신 것을 다스리게 하시고 만물을 그의 발 아래 두셨으니 (시 8:5-6)

하나님이 인간을 존귀케 하시고 그들에게 하나님이 창조하신 모든 것을 다스리는 권세를 주셨지만, 최초의 인간인 남자와 여자가 하나님의 명령에 불순종하고, 뜻을 거역하므로 만물을 다스리도록 부여된 인간의 권한이 무효가 됐습니다. 그러므로 우리가 이 땅에서 진정한 통치권을 행사하기 위해서는 그리스도를 통한 하나님과의 회복된 관계가 필요합니다. 거기에 열매가 있고, 믿음으로 행할 때만이 우리의 기도생활과 하나님께 대한 헌신에 강한 능력이 따릅니다.

기도는 우리의 삶 가운데 필수 요소임

여러분이 하나님과 대화하고 교제할 때, 그분은 여러분에게 응답하시며 당신의 지혜와 지식을 주십니다. 하나님은 그리스도 안에서 여러분이 진정 어떠한 존재라는 것을 보여주시며, 여러분이 자신의 삶뿐만 아니라 다른 사람들의 삶 가운데 변화를 위해 기도하는 데 필요한 능력과 담대함을 허락하십니다. 그러면 하나님께서 우리에게 능력과 담대함을 허락하시는 이유가 무엇일까요? 그것은 성령의 강한 능력만이 그 앞에 나아오는 자들을 변화시킬 수 있기 때문입니다.

오늘날 많은 사람이 삶에 대한 영적 조명과 새로운 사고방식을 찾고 있습니다. 하지만, 대부분의 사람은 실제는 예수 그리스도를 통한 아버지 하나님과의 회복된 관계를 찾고 있다는 사실을 모르고 있습니다. 하나님의 일꾼 중에는 커다란 영적 열매를 추수하고 있음에도 영적으로 지치고 낙심 가운데 있는 자들이 많습니다. 우리에게는 지금 과거 어느 때보다도 기도가 절실하게 필요합니다. 우리에게 하나님의 생각과 뜻을 알게 하는 기도와 하나님의 말씀 없이는 우리가 자신의 생각과 우리를 파멸로 이끄는 습관에 버려지게 됩니다.

하나님은 우리가 당신의 인도를 위해 그분께 나아가기를 원하십니다. 그렇게 함으로 영광을 받으시는 하나님은 우리의 기도에 응답하기를 원하십니다.

하나님은 우리가 자신의 그릇된 생각에 버림당하는 것을 원치 않으십니다. 그보다는 모든 것에서 우리에게 당신을 찾을 것을 명령하십니다. "너는 범사에 그를 인정하라 그리하면 네 길을 지도하시리라"(잠 3:6) 우리는 하나님의 주권과 우리가 구하는 모든 것을 들어주실 수 있는 그분의 전능하신 능력을 인정해야 합니다.

우리는 하나님께서 과연 나의 기도에 응답해 주실 것인지를 의심하고, 그분으로 하여금 우리를 복 주시게 하고자 스스로 '노력하므로' 나도 모르게 기도 응답에 방해되는 경우가 많습니다. 하나님은 우리에게 모든 필요한 것들을 주시기 원합니다. 하나님은 우리를 복 주심에 있어 우리의 도움이 필요하시지 않지만, 우리가 하나님 나라의 사역을 위해 그분의 명령을 기꺼이 행하기 위해서는 당신께서 쓰시기에 합당한 순종하는 질그릇이 되어야 합니다.

하나님이 열쇠를 갖고 계심

기도에는 우리의 연약함과 함께 하나님의 권능을 보여주는 능력이 있습니다. 우리가 하나님 앞에 마음을 열고 정직할 때, 기도는 '우리의' 진정한 모습을 보여줍니다. 따라서 우리의 숨겨진 모든 것이 드러납니다. 우리가 하나님이 보시지 않았으면 하는 것들까지 말입니다. 하나님은 우리의 모든 것을 보시며 알고 계시지만, 기도는 우리에게 우리의 연약한 것들을 보여주므로 우리로 하나님의 능력을 의지하게 합니다.

하나님은 우리의 연약함과 과실에도 우리를 사랑하십니다. 우리가 우리를 구원하고 우리에게 능력을 주기 위해 돌아가신 그리스도의 사역을 믿으므로 하나님을 의지할 때, 그분은 우리를 당신이 처음 창조하신 것과 똑같은 모습으로 회복시키실 수 있습니다. 종종 우리는 하나님의 능력보다 자신의 말을 의지할 때가 있습니다. 우리는 다른 종교의 헛된 말에 귀를 기울이지 말고, 성령과 하나님의 전능하신 능력을 의지해야 합니다. 우리는 하나님께서 우리의 필요한 것들을 공급해 주시는 분이라는 것을 믿고, 그분의 능력과 우리를 위해 예비하시는 것을 의지할 때 하나님의 기적적인 역사를 체험하게 됩니다.

이 책에서는 하나님은 진정 여러분을 가장 유익하게 하시는 —마치 여러분의 기도가 응답되지 않는 것처럼 보일 때도— 분이시라는 사실을 재확신시키는 역할을 할 것입니다. 그러므로 하나님께서 여러분의 전능하신 아버지가 되신다는 것을 계속 '인정하고' 믿으시기 바랍니다. 그분은 여러분의 모든 필요한 것들이 마련되어 있는 창고 문을 여는 열쇠를 갖고 계십니다. 하나님은 여러분의 필요한 것들을 공급해 줄 수 있는 능력을 갖추고 계실 뿐 아니라, 더욱 놀라운 사실은, 여러분이 믿음으로 기도하며 그분의 뜻을 구할 때, 영적 세계에서는 여러분의 기도가 이미 응답되었다는 것입니다(막 11:24). 그러나 여러분은 자신의 기도가 물질 세계에서 가시적(可視的)인 방법으로 응답되기만을 기다립니다.

하나님의 지혜와 능력에 대한 특권을 가진 여러분은 환경을 두려워할 필요가 전혀 없습니다. 여러분은 극도의 혼란 가운데서도 규칙적인 기도생활을 통해 평안을 누릴 수 있습니다. 2003년도 갤럽 조사(Gallup poll)에 의하면 미국의 기독교인 가운데 일이 제대로 풀리지 않을 때도 내적인 만족을 누리는 사람은 35퍼센트에 불과하다는 사실이 밝혀졌습니다.[1] 그렇다면 우리는 어떻게 할 때 이러한 수치를 높일 수 있을까요? 그것은 우리가 하나님의 말씀이 주는 "항상 기도하고 낙심하지 말아야 할 것"(눅 18:1)이라는 명령에 순종하고, 다른 사람들에게도 똑같이 할 것을 권할 때 가능합니다.

---

1) George H. Gallup Jr., "How American Christians Living Their Faith?" http://www.gallup.com/poll/9088/How-American-Christians-Living-Their-Faith.aspx(accessed March 7, 2008).

| 서 문 1 |

지금까지 내가 하나님과 가진 가장 친밀한 시간 중에는 극심한 고통 가운데 기도할 때였던 것들이 있습니다. 하나님은 이러한 때 환상을 통해 내게 당신을 계시하시며, 나는 그분께서 이처럼 놀라운 환상들을 세상에 전하므로 갇힌 자들을 자유케 할 수 있는 기회를 내게 허락하시는 것에 무한한 감사를 드립니다. 나는 하나님이 기도를 통해 내게 당신의 비밀을 보여주실 때마다 그분께 감사를 드립니다. 하나님이 나를 흑암의 나라와의 영적 전쟁에 참여시키고, 당신의 위대한 역사(役事)의 성취를 위해 기도할 자로 택하신 사실을 기억할 때마다 매우 기쁘게 생각합니다. 나는 성경에 기록되어 있는 것으로 종종 우리가 당연하게 여기는 것들을 포함하여 하나님께서 내게 보여주시는 모든 것이 다 중요하고 의미가 있다는 사실을 알고 있습니다.

기도의 본질과 능력

기도는 하나님과의 관계를 돈독히 해줌

하나님께서 환상을 통해 내게 보여주신 것들 가운데 많은 것들이 현실 세계에서 수년이 지날 때까지 전혀 이루어지지 않았습니다. 내가 언제나 기도의 본질과 능력을 강조하는 이유가 바로 여기에 있습니다. 우리가 하나님과 대화하지 않고 그분의 음성을 구분하는 법을 알지 못할 경우, 어떤 것이 우리의 계획대로 되지 않을 때 우리는 조급한 마음을 갖게 됩니다. 그러나 우리가 하나님과 돈독(敦篤)한 관계를 맺을 때는 우리 주변의 일이 어떻게 되어가든 상관없이 물질적인 세계 건너편에 있는 영적 세계를 바라보며 만족한 삶을 살 수 있습니다. 하나님은 항상 우리가 생각하는 것보다 훌륭한 그림과 위대한 계획을 갖고 계십니다.

기도에는 제한이 없음

나는 또 기도에는 제한이 없다는 사실을 깨달았습니다. 나는 종종 중보기도자들에게 나를 위해서 기도해 달라고 부탁하는데, 그들이 나의 옆에서 기도하든 아니면 몇 마일 떨어진 곳에서 전화로 기도하든 상관없이 똑같은 결과가 나타났습니다. 다시 말해, 하나님께서 우리의 기도를 듣고 응답해 주셨다는 것입니다. 한 번은 내가 바로 그 무렵에 만난 중보기도자와 함께 기도하고 있을 때, 나는 그녀가 만나기 수년 전에 내가 환상을 통해 본 사람이라는 사실을 알게 되었습니다. 우리는 앞으로 다루게 될 주제의 장들에서 우리가 기도할 때 영적 세계에서 실제 일어나는 사건들에 대한 하나님의 계시와 함께 이런저런 기적적인 사건들을 고찰함으로 여러분으로 하여금 기도를 통해 믿음을 더욱 튼튼히 하고 하나님과의 교제 가운데 놀라운 체험을 하도록 돕고자 합니다. 예를 들면, 우리는 자신을 하나님께 산 제물로 드릴 때 그분께서 얼마나 기뻐하시며, 하늘나라의 제단에서 우리를 어떻게 받으신다는 것을 알지 못합니다.

기도에는 정결한 마음이 필요함

하나님은 거룩하십니다. 그러므로 우리가 기도를 통해 그분께 나아가기 위해서는 마음이 정결해야 합니다. 이것은 우리가 개인적으로 많은 어려움 가운데 있을 때 하나님께서 우리에게 당신과 대화하고, 그분으로부터의 도움과 해결책을 받을 수 있는 수단으로 기도란 선물을 주셨다는 점에서 우리에게 어떠한 어려움도 없으리라는 것을 의미하지 않습니다. 정결한 마음으로 하나님께 나아간다는 것은 여러분에게 기만(欺瞞)이나 악한 의도가 없는 것을 말합니다. 예를 들면, 여러분이 단순히 형제나 자매에게 분노했다고 해서 지극히 거룩하신 하나님께 나아가 그들의 삶을 저주하실 것을 구해서는 안된다는 것입니다. 그것은 하나님을 노하게 할 뿐 아니라, 그분께서 응답하기를 원하시지 않는 기도입니다.

기도는 하나님의 말씀과 일치해야 함

하나님의 말씀은 진리입니다. 우리는 하나님의 말씀을 중히 여겨야 하며, 말씀은 기도의 기초가 되어야 합니다. 말씀은 하나님께서 우리에게 흑암의 나라에 맞서 싸울 때 무기로 사용하도록 주신 영적 지침서입니다. 다시 말해, 성경에 기록된 하나님의 모든 말씀에는 그분의 목적이 있습니다. 하나님은 우리가 당신의 말씀과 일치하는 기도를 하고 당신의 약속을 의지하고, 당신께서 그것들을 그대로 이루실 것을 기다리고 있다는 것을 보기 원하십니다. 우리는 또 우리에 대한 마귀의 정죄를 물리치기 위해서도 하나님의 말씀을 알아야 합니다(롬 8:1, 계 12:10-11). 마지막으로, 하나님의 말씀은 우리에게 하나님의 방법을 알게 하므로 우리가 양의 옷을 입고 나타나는 이리와 같은 자들의 기만과 거짓된 가르침에 공격당하지 않게 합니다(마 7:15).

기도는 하나님의 뜻을 계시해줌

그뿐만 아니라, 우리는 하나님과 대화할 때 자기가 어떤 사람이 되어야 하며, 어떻게 행동해야 할 것인지를 알게 됩니다. 혹 여러분은 다음과 같은 것들에 대해 궁금해할지 모릅니다. 하나님, 제게 주어진 소명이 무엇입니까? 저에 대해서 가지고 계신 당신의 목적이 무엇입니까? 저를 이 땅에 보내신 이유가 무엇입니까? 저를 존재케 하신 당신의 커다란 계획이 있다면 그것이 무엇입니까? 우리가 기도함으로 하나님을 간절히 찾을 때, 이런 것들은 물론 그 밖의 다른 많은 질문의 해답을 찾을 수 있습니다. 하나님은 우리의 존재에 대해 분명한 목적을 갖고 계십니다. 비록 우리가 항상 그분을 이해하지 못할지라도, 그분은 언제나 우리를 인도해주시기 원하시는바 그것은 우리가 그분을 따르려 하지 않을 때도 마찬가지입니다. 나는 하나님께서 여러분을 사랑하시며, 마음 가운데 언제나 여러분을 가장 유익하게 하려는 생각을 하고 계시다는 사실을 알기 원합니다. 여러분이 자신을 향한 하나님의 목적을 깨달아 그것을 이루기 위해 열심히 노력할 때, 여러분은 하나님께서 성령을 통해 여러분에게 보여주신 것들을 성취하는 데 방해가 되는 어떤 것이나 사람도 허락하지 않을 것입니다.

다시 말하지만, 하나님께서 우리의 기도에 언제나 즉각적으로 응답하시지 않는다는 점에서 우리에게는 인내가 필요합니다. 하나님은 우리에게 기도 응답을 주실 때, 우리로 하여금 당신의 말씀과 명령을 감당할 수 있는 능력을 갖추도록 하기 위해 우리의 삶 가운데 그것에 어울리는 경험을 허락하십니다. 하나님은 우리가 할 수 있다고 생각하지만, 아직 감당할 준비가 되어 있지 않은 것들을 아십니다. 그러므로 하나님은 부모가 인생의 새로운 단계에 첫발을 내딛는 법을 배우는 자식을 보살펴 주는 것처럼, 우리를 보호하십니다. 기도에는 여러분으로 하여금 하나님의 인도를 받아들이고, 선을 행하다가 낙심하게 않게 하는 능력이 있습니다(살후 3:13).

나는 여러분이 이 책을 읽을 때 하나님의 능력이 충만하고, 지금까지 경험하지 못한 하나님의 전능하신 권능에 대한 보다 큰 비밀과 성령께서 함께 하시기를 위해 기도합니다. 나는 이 책이 세계 전역에서 읽혀지므로 영적으로 갇혀 있는 자들을 자유쾌 해줄 것에 대해 하나님을 찬양합니다. 나는 하나님께서 내게 주신 소중한 것들을 여러분과 함께 나눌 수 있다는 것에 대해 하나님께 감사를 드립니다. 여러분에게 하나님의 축복이 함께하길 바랍니다. 여러분을 매우 사랑합니다.

거룩하신 하나님 아버지,

이 책을 읽는 자들에게 당신의 능력이 임하기를 기도합니다. 그들이 이 책을 한 장, 한 장 읽을 때마다 당신의 능력을 느끼게 하옵소서. 그들과 그들의 가정을 결박하는 모든 멍에가 예수님의 이름으로 풀리기를 이 시간 기도합니다. 이 책이 당신을 영화롭고, 존귀케 하기 위해 삶을 변화시키는 무기가 되게 하옵소서. 인간의 지혜로 이해할 수 없는 당신의 평강이 당신의 백성에게 충만히 임하게 하시고, 저희로 우리 안에 있는 당신의 전(殿)을 발견하게 하옵소서. 하나님 아버지, 저로 하여금 당신의 백성에게 모든 영광 가운데 계신 당신을 보지 못하게 방해하는 권세와 능력과 어둠의 나라에 맞서 싸우게 하옵소서. 우리에게 계속해서 영적인 통찰력을 주시며, 당신 안에서 더욱 자라게 하옵소서. 예수님의 이름으로 기도드립니다. 아멘.

- Mary K. Baxter

| 서 문 2 |

목회자인 나는 종종 다음과 같은 질문을 받을 때가 있습니다. "블루머 감독님, 하나님은 왜 저의 기도에 응답해 주시지 않을까요?" 기도 응답이 지체하는 것처럼 보이는 여러 가지 이유가 있지만, 지체되는 분명한 이유도 있습니다. ① 하나님께서 우리가 기도하길 원하시기 때문에, ② 하나님께서 우리에게 당신을 나타내기 원하시기 때문에, 그리고 ③ 하나님께서 우리의 기도에 응답해 주시기 원하기 때문에.

> 일을 행하시는 여호와, 그것을 만들며 성취하시는 여호와, 그의 이름을 여호와라 하는 이가 이와 같이 이르시도다 너는 내게 부르짖으라 내가 네게 응답하겠고 네가 알지 못하는 크고 은밀한 일을 네게 보이리라 (렘 33:2-3)

> 그러므로 내가 너희에게 말하노니 무엇이든지 기도하고 구하는 것은 받은 줄로 믿으라 그리하면 너희에게 그대로 되리라 (막 11:24)

우리는 이 책을 통해 우리의 기도가 응답받지 못하는 이유에 대해 살펴볼 것입니다. 그것은 여러분을 의심과 혼돈에서 벗어나 하나님과 그분의 목적에 대한 믿음을 더욱 강하게 해줄 것입니다. 여러분은 또 자신이 기도할 때 천상에서 어떤 일이 일어나며, 하나님께서 그분의 뜻을 세상에 실현하시기 위해 여러분의 기도를 어떻게 사용하기 원하시는지도 깨닫게 될 것입니다.

기도는 영적인 도움과 문화적인 변화를 가져다 줌

우리는 기독교인들이 '기도의 능력'에 특별한 관심이 없는 만큼 그것에 대해 많이 듣습니다. 하지만, 그것은 결코 진부한 표현이 아닙니다. 기도의 능력은 너무나 분명합니다. 우리가 하나님께 직접 나아가는 수단으로 기도를 주신 하나님은 우리의 기도에 응답해주길 원하십니다. "내 이름으로 무엇이든지 내게 구하면 내가 행하리라"(요 14:14)라는 예수님의 약속은 이러한 사실을 증거해 줍니다.

나는 마침내 자신의 기도가 응답될 때 충격을 받을 것 같은 사람들을 위해 종종 기도합니다. 우리는 말하는 것에 습관이 되어 있는 나머지 자기가 전지전능하신 하나님과 대화하고 있다는 사실을 의식하지 못할 때가 종종 있습니다. 여러분이 기도할 때, 천상(天上)에서는 여러분의 기도를 듣고 있으며 하나님은 천사를 보내 여러분에 대한 당신의 명령을 하게 하십니다. 여러분은 기도가 의식이 아니라는 것을 알아야 합니다. 기도는 자신과 혼자 대화하는 것이 결코 아닙니다. 기도는 문화적인 변화뿐 아니라, 개인의 영적 도움을 위한 강한 동력이 됩니다.

기도에는 영적 전쟁에 대비해 우리를 강하게 하는 능력이 있음
여러분이 기도하고 모든 염려를 하나님께 맡길 때, 여러분은 사탄이 자기가 여러분과 싸우기도 전에 패하게 되리라는 것을 두려워할 만큼 사탄의 왕국에 매우 위협적인 존재가 됩니다. 그것은 마귀가 이제는 자기가 단순한 인간이 아니라, 여러분 안에 계신 자기보다 무한히 크신 분과 싸우고 있다는 것을 알기 때문입니다(요일 4:4). 그는 자기의 목적을 이루기 위해서는 자신의 전략이 훨씬 더 교활하고 속임수가 뛰어나야 한다는 사실을 알게 됩니다. 그는 자기가 치명적인 공격을 가하기 위해 어떻게든 여러분을 하나님으로부터 멀리 떠나게 하려 합니다. 사탄은 여러분으로 하여금 하나님을 의심하고, 믿음을 포기하거나 나아가서는 그것을 부인하게 하고자 여러분이 감당하기 힘든 것들을 부과하려 합니다. 그러므로 사탄의 전략에 넘어가지 않기를 바랍니다. "그러므로 내 사랑하는 형제들아 견실하며 흔들리지 말고 항상 주의 일에 더욱 힘쓰는 자들이 되라 이는 너희 수고가 주 안에서 헛되지 않은 줄 앎이라"(고전 15:58) 하나님은 우리의 인내를 아시며, 기도하면서 당신을 부지런히 찾는 자들에게 상 주시는 분입니다(히 11:6).

우리가 싸우는 영적 전쟁은 권투 시합과 매우 흡사합니다. 복서는 상대편의 약점을 보는 순간 그것을 최대한 역이용합니다. 자기가 상대 선수에게 가장 심한 타격을 가한 곳을 집중적으로 공격하면 그를 쓰러뜨리는 것은 시간문제일 뿐이라는 것을 아는 그는 그곳을 집중적으로 공략합니다.

마귀의 전략이 이와 똑같습니다. 그것이 여러분의 건강이나 가정, 직장, 또는 경제 문제나 그밖에 삶의 어느 부분이든, 마귀는 상처가 가장 심하다고 생각되는 곳을 찾아내 여러분이 그에게 굴복할 때까지 계속 쉬지 않고 공격을 가합니다. 여러분은 그때 사탄에게 내가 복종할 분은 하나님 한 분뿐이시며, 따라서 그분께만 무릎을 꿇겠다는 것을 말해야 합니다.

나는 여러분이 믿음과 인내와 능력을 가질 것을 위해 다음과 같이 기도합니다.

   하나님 아버지, 저로 하여금 이 책의 독자들에게 당신의 계시가 임하지 못하게 방해하는 사탄의 모든 책동(策動)에 맞서 싸우게 하옵소서. 지금 이 순간에도 독자들의 삶에 변화가 나타나기를 기도합니다. 당신의 백성으로 하여금 당신의 능력에 대해 보다 많은 지식을 알게 하시고, 그들의 믿음이 더욱 자라게 하옵소서. 그들에게 당신을 볼 수 있는 영적인 눈을 뜨게 하심으로 당신의 말씀이 그대로 실천되는 것을 깨닫게 하옵소서. 주님, 그들에게 긍휼을 베푸사 저들로 하여금 기도의 능력에 대해 심오한 진리를 깨닫게 하옵소서. 그들에게 능력을 주시되, 그들뿐 아니라 다른 사람들에게도 그것이 나타나므로 그들이 병든 자에게 손을 얹은즉 환자가 회복되고, 귀신을 쫓아내며 억압된 자가 자유케 되고, 많은 사람에게 구원의 메시지가 선포되게 하옵소서. 그리고 이 순간부터 당신의 백성과 가까이하는 모든 자에게 성령께서 충만히 '임하게' 하옵소서.

   예수님의 이름으로 기도드립니다, 아멘.

- George G. Bloomer

| 역자서문 |

　이 책을 번역하면서 나는 기도에 대해 내가 직접 경험하지 못한 이야기들을 듣는 가운데 마치 내게도 지금 기도의 응답이 이루어지는 것과 같은 기분을 느끼게 되었습니다. 아니, 당장 눈앞에서 가시적인 방법으로 기도가 응답되고 있지 않는다 할지라도 천상에서는 하나님의 때를 기다리며 물리적인 응답의 순간을 향해 진행되어 가고 있다는 사실을 확신하게 되었습니다.

　기독교에서 기도를 제외한다는 것은 상상할 수 없을 만큼 기도는 우리의 신앙생활에 있어 매우 중요한 역할을 차지합니다. 성경 전체는 우리에게 기도할 것을 권하고 있으며, 성경에 나오는 위대한 인물들은 모두가 기도의 사람들이었습니다. 예수님은 당신의 제자들에게 기도할 것을 명령하셨으며, 우리에게 실제 기도의 본을 가장 잘 보여주셨습니다.

　저자는 이 책에서 자신의 체험을 통해 오늘날도 기도의 위대한 능력이 계속 나타나고 있다는 것을 보여주므로 우리에게 기도의 중요성을 강조하고 있습니다. 가정에서, 사역 현장에서 그리고 병든 자와 다른 사람을 위해 중보기도할 때 인간의 지식과 상식을 뛰어넘는 초자연적이고도 초현실적인 현상이 일어나는 것을 직접 목격한 자신의 체험담을 통해 우리에게도 그것이 가능하다는 사실을 주지시키고 있습니다. 그리고 성경이 우리에게 한결같이 약속하는 것이 바로 이것입니다.

    실제 기독교인 가운데 기도하지 않는 사람은 아무도 없습니다. 기도는 우리가 성령으로 거듭난 하나님의 자녀라는 것을 보여주는 표증입니다. 따라서 기독교인이라면 누구나 하나님으로부터 응답받는 기도를 하기 원합니다. 그런데도 오늘날 많은 기독교인이 기도에 확신이 없고, 기도의 응답을 받지 못하는 이유가 무엇일까요? 이 책은 이것에 대해 명쾌한 답을 제시해 주고 있습니다. 그것은 기도에 대한 우리의 잘못된 인식과 오해로부터 기인하고 있다는 것입니다. 하나님께서 우리의 기도를 듣지 않으시거나, 우리에게 무관심하기 때문이 아니라, 기도 응답에 있어 우리가 그분을 제한하기 때문이라는 것입니다.

저자인 메어리 K. 백스터는 이 책에서 기도 응답은 전적으로 하나님의 주권에 달렸다는 사실을 강조하고 있습니다. 동시에 그녀는 하나님께서 우리의 기도를 듣고 응답해 주심에도 우리가 자신의 기도에 대한 응답을 미리 정해놓고 그 외의 것은 배척하기 때문에 기도 응답의 문턱에서 포기하므로 정작 기도의 결실을 거두지 못하고 있다는 것입니다.

오늘날 능력이 넘치고, 응답받는 기도생활을 원하는 자는 자기 중심의 기도에서 하나님 중심의 기도운동으로 바꾸어야 한다는 사실을 깨달아야 합니다. 이 책은 우리에게 기도 응답은 단기적인 싸움이 아니라, 장기적인 싸움을 위한 무기로 준다는 것을 상기시켜 주고 있습니다. 다시 말해, 하나님은 단기적이 아니라, 장기적인 목적 가운데 우리의 기도에 응답해 주십니다. 나는 저자가 들려주는 믿을 수 없는 것을 위해 기도하고, 더 인내할 수 없는 상황에서 참고 기도하므로 받은 기도의 폭발적인 능력을 통해 오늘날도 초대교회와 같은 기도의 역사가 계속되고 있다는 사실을 다시 한 번 확인할 수 있었습니다.

    저자가 자신이 경험한 환상과 계시를 통해 받은 놀라운 기도 응답의 현장으로 우리를 안내하는 이 책은 오늘날 기도 응답을 받기 원하지만, 기도에 대한 바른 견해와 지식의 부족으로 응답받지 못하는 자들에게 들려주는 한 편의 「기도 서신」이라 할 수 있습니다. 마지막으로, 나는 독자들이 이 책을 통해 기도에 대한 새로운 사실과 지식을 발견함으로 보다 능력 있고, 응답받는 기도생활을 발전시켜 나가는데 커다란 도움을 얻기 바랍니다.

번역을 마치며,

역자 조용만

| 목차 |

머리말 5   서문1 11   서문2 18   역자서문 23

CHAPTER 1
하나님께서 정말 듣고 계실까? 31
놀라운 발견 | 기도가 응답되지 않는 것처럼 보이는 이유 | 믿음으로 기도해야 함 | 낙심하지 말아야 함 | 기도할 때 경험하는 하나님의 기적 | 하나님께서 지배하시도록 허락함 | 영원히 잊을 수 없는 체험의 문을 열어야 함

CHAPTER 2
'방법'은 하나님께 있음 57
기도에 대한 오해의 위험 | 기도 응답을 받을 준비가 되어있는가?

CHAPTER 3
거짓된 신에게서 해답을 찾음 71
하나님보다 '표적'을 구함 | 가증스런 행위 | 거짓된 요소를 의지하는 것이 가져다주는 결과

CHAPTER 4
아버지와 대화하기 *89*
하나님과의 대화를 이해함 | 하나님과의 대화를 방해하는 것들 | 아버지와의 대화가 가져다주는 결과 | 하나님과의 교제에 익숙함

CHAPTER 5
주님, 기도하는 것을 도와주소서! *115*
하나님께서 들으시기 위해 필요한 조건 | 예수님께서 기도하는 법을 가르쳐 주심 | 항상 기도하는 자세를 지님 | 하나님을 전적으로 의존

CHAPTER 6
기도 응답의 장애물 극복하기 *141*
정결한 마음의 결여 | '더 중요한 것'을 무시함 | 분노와 용서하지 않음 | 교만 | 영적 성장의 결여 | 장애물에 대한 최선의 방어책 | '미혹의 마귀' | 은혜 가운데 자람

CHAPTER 7
헌신적인 삶 *177*
예수님의 멍에 안에서 쉼 | 하나님과의 독대(獨對) | 헌신적인 삶에 대한 환상 | 하나님 안에서 계속 전진함

CHAPTER 8
중보기도자의 자세와 자격 *195*
예수 그리스도 및 성령과 하나가 됨 | 자원하는 마음과 신실 | 하나님께 대한 경외와 의로움 | 하나님에 대한 지식과 하나님 안에서의 자신에 대한 지식 | 믿음 | 긍휼 | 오래 참음과 인내

CHAPTER 9
구원과 기도 응답에 대한 환상 *221*
하나님의 사자가 우리를 대신하여 싸움 | 하나님의 사자와 싸우는 사탄의 세력 | 구원을 위한 중보기도 | 사탄의 결박을 끊음 | 치유 | 기도를 평범한 것으로 여겨서는 안됨

에필로그 *255*   기도 전략을 위한 계획 *263*

Chapter 1

하나님께서
정말 듣고 계실까?

여러분은 마치 하나님께서 여러분의 기도를 전혀 듣고 계시지 않는다고 느껴질 때가 있습니까? 여러분은 자신의 기도가 응답받지 못한 것처럼 생각됩니까? 하나님을 더욱더 효과적으로 섬길 뿐 아니라, 그분과의 더욱 깊은 관계를 추구하는 그리스도인 가운데 많은 자가 하나님을 향한 믿음과 그분이 자기들의 기도에 응답해 주실 것인지에 대한 불확실성 사이에서 남모르는 내적인 갈등을 겪고 있습니다. 우리는 자신의 죄성(罪性)과 사탄의 공격 그리고 삶 가운데서의 시련과 싸우고 있습니다. 만약에 우리가 기도하는 자리에서 일어나자마자 가시적(可視的)인 결과만을 보기 원한다면, 우리는 하나님을 의심하는 것이 반복적인 습관이 될 것입니다. 그러나 우리는 하나님께서 역사하시는 것을 보지 못할지라도, 영적 세계에서 우리의 간구에 세심하게 응답하고 계시다는 사실을 알 때 위로를 받을 수 있습니다.

전능하신 하나님께는 시간이나 거리가 전혀 문제 되지 않습니다. 수년 전에 여러분이 한 기도 가운데 이제야 응답되기 시작하는 것들이 있을 것입니다.

> 사랑하는 자들아 주께는 하루가 천 년 같고 천 년이 하루 같다는 이 한 가지를 잊지 말라 주의 약속은 어떤 이들이 더디다고 생각하는 것 같이 더딘 것이 아니라 오직 주께서는 너희를 대하여 오래 참으사 아무도 멸망하지 아니하고 다 회개하기에 이르기를 원하시느니라 (벧후 3:8-9)

놀라운 발견

세계가 있습니다. 지상 세계에서는 지금 유한한 인간의 세계에 사는 자들에게는 전혀 보이지 않는 영적 활동들이 진행되고 있습니다. 몇 년 전 나는 입으로 주님을 찬양하며 하루의 일과를 하고 있는데 갑자기 주님께서 나를 향해 "기도하라!"라고 말씀하시는 소리가 들렸습니다. 그래서 나는 성령 안에서 기도했습니다. 그리고는 나는 하나님께, "주님, 이게 도대체 무엇이지요?"하고 묻고는 다시 계속 다시 중보기도를 했습니다. 그때 내게는 바다 위를 선회(旋回)하는 비행기에 대한 환상이 보였습니다. 그것을 본 나는 "오, 하나님, 비행기에 이상이 생겼어요."하고 큰 소리로 외쳤습니다. 하지만, 나는 그것에 대해 아무것도 이해하지 못했습니다. 나는 거의 4시간 동안이나 계속 기도했는데, 그때야 환상이 사라졌습니다. 내가 집안일을 계속 하고 있는데, 마침내 아이들이 학교에서 돌아왔습니다. 그러한 일이 있고 나서 나는 이따금 그때의 기도가 생각날 때마다 그것을 일기장에 적었습니다.

몇 년 후, 우리는 다른 주(州)로 이사를 했습니다. 나는 그곳에서 친구와 함께 하나님 안에서 경험한 것들에 대해 이야기하며, 주안에서 유익한 시간을 가졌습니다. 나는 그녀에게 다음과 이야기를 들려주었습니다. "한 번은 환상이 보였는데, 그것이 무엇을 의미하는지 전혀 알 수 없었어요. 나는 그것에 대해 TV나 다른 어떤 것을 통해서도 듣지 못했지만, 환상 가운데 비행기 한 대가 바다 위를 맴도는 것이 보였는데, 비행기가 매우 위급한 상태에 있다는 것을 알 수 있었지요." 친구는 깜짝 놀라는 표정으로 이렇게 물었습니다. "방금 뭐라고 말씀하셨지요? 다시 한 번 말씀해 주시겠어요?" 내가 다시 이야기하자, 그녀는 "그 비행기에 바로 제가 타고 있었어요."라고 말하는 것이었습니다.

"무슨 말씀이지요?" 하고 내가 물었습니다.

> 비록 우리가 하나님께서 역사하시는 것을 보지 못할지라도, 그분께서는 영적 세계에서 우리의 간구에 세심하게 응답하고 계십니다.

"그때 남편이 군 복무 중이었기 때문에, 우리는 외국에 배치받아 근무하고 있었지요. 따라서 나는 미국으로 돌아오기 위해 아이와 함께 그 비행기에 탔지요. 비행기를 타고 있는데, 조종사가 비행기에 문제가 생겼지만, 관제소의 허락 없이는 착륙할 수 없으니 그때까지 바다 위를 선회해야 한다고 기내 방송을 하더군요. 그러한 상황은 관제소로부터의 착륙 허락이 있을 때까지 계속됐지만, 우리는 그 당시 위기 상황이 매우 급박했다는 사실을 전혀 알지 못했지요. 나중에야 그들은 우리에게 비행기 안에 폭발물이 있었다는 사실을 말해주었지요. 그들은 마침내 비행기 안에 있는 한 여행용 가방에서 폭발물을 발견해 그것과 가방을 모두 바다 위로 던져 폭발물은 폭발시켰지요. 비행기 안에서 두려워 떨고 있던 나는 하나님께 목숨을 살려 달라고 기도했지요."

나는 이렇게 말했습니다. "그것은 지금부터 20년 전에 일어난 일입니다. 나는 미시간 주에 있고 자매님은 사우디아라비아에서 비행기를 타고 오고 있었지만, 하나님은 그분께 도움을 구한 자매님을 위해 우리 두 사람을 함께 기도하도록 연결해 주신 겁니다. 하나님은 그때 다른 사람을 위해 기도하는 중보기도자를 아셨으며, 그것을 통해 자매님의 목숨뿐 아니라 기내에 있던 모든 승객들의 목숨이 구해진 것이지요."

그러자 그녀는 "맞아요. 그때 비행기 안은 승객으로 가득 차 있었거든요."라고 말했습니다.

나는 "우리가 섬기는 하나님은 정말 위대한 분이시지요!"란 말만 되풀이했습니다. 하나님만이 당신 종들의 기도를 듣고 응답하실 수 있습니다. 하나님은 마귀의 악한 도모(圖謀)를 당신의 영광을 위한 수단으로 사용하신 것입니다.

> 하나님은 마귀의 악한 도모(圖謀)를 당신의 영광을 위한 수단으로 사용하십니다.

여러분이 섬기는 하나님은 그와 동일한 하나님이십니다. 그분이 세상에서 가장 위대한 의사가 되신다는 사실을 기억하기 바랍니다. 그분은 여러분의 병을 이미 진단하시고는 여러분이 필요로 하고 염려하는 것들에 대한 치료 방법을 처방해 놓으셨습니다. 대신 하나님은 여러분이 당신을 의지하고, 그분의 지시를 따르라고 요구하십니다. 세상의 의사가 병에 대한 약을 처방할 때, 여러분은 자신이 복용하는 약의 성분이 무엇인지 알고 그것을 먹지 않습니다. 그러나 여러분은 의사의 실력을 믿고, 지시된 대로 매일 일정한 양을 복용합니다. 여러분은 자신이 치료될 것을 믿으며, 적어도 자신의 병에 대해 더는 두려워하지 않습니다. 만약에 즉각적인 효과를 느끼지 못한다 할지라도, 지시에 따라 약을 계속 복용하면 마침내 호전 반응이 나타나 치료될 것을 믿습니다.

그러나 하나님의 기도 응답과 관련해 이러한 인내심과 열심을 발휘한다는 것이 어떤 면에서 훨씬 더 도전적인 것이 될 수 있습니다. 그러면 우리가 세상의 의사는 그렇게도 쉽게 믿으면서 우리의 주님과 구원자가 되시며 세상의 모든 병을 치료하시는 하나님에 대해서는 계속 의심하며 믿지 못하는 이유가 무엇일까요?

기도가 응답되지 않는 것처럼 보이는 이유

때가 이르지 않았기 때문에
우리의 기도가 응답받지 못하는 것처럼 보이는 이유 가운데 하나는 하나님께서 기도에 대한 완전한 응답을 보일 때가 되지 않았기 때문입니다. 기도에는 다른 기도에 비해 속히 응답되는 것이 있습니다. 하나님은 기도에 대한 응답이나 당신의 때와 관련해 어떠한 실수도 없는 분입니다. "범사에 기한이 있고 천하 만사가 다 때가 있나니"(전 3:1).

모든 것에는 하나님께서 정하신 기한과 때가 있습니다. 기도 응답이 지체되는 것처럼 보이는 것이 하나님께서 우리의 기도를 듣지 않으셨다는 것을 나타내거나, 또는 우리의 기도에 응답하지 않으셨다는 것을 의미하지는 않습니다. 그때도 우리는 하나님께서 우리의 모든 기도를 들으셨다는 것을 확신해야 합니다. 그러나 하나님은 우리에게 당신의 임재와 능력을 입증하기 위해 서둘러 어떠한 표적을 보여주어야 할 필요성을 느끼시지 않습니다. 우리는 하나님의 뜻에 따라 기도할 때, 그분께서 보이지 않는 세계에서 이미 이루신 것들이 장차 땅에서도 나타나게 되리라는 것을 알고 그대로 믿어야 합니다.

때로 '묵시'가 늦을지라도 우리가 그것을 기다려야 하는 것은 정한 때가 되면 그것이 반드시 이루어질 것이기 때문입니다(합 2:3). 다시 말해, 하나님은 여러분에게 계시하시고 약속하신 것과 말씀하신 것을 반드시 행하십니다.

사탄의 방해

우리가 기도의 응답이 실제 물리적으로 나타나는 것을 보지 못한다고 해서 그것이 곧 하나님께서 기도에 응답하지 않으셨다는 것을 의미하지는 않습니다. 우리는 대표적인 예로 다니엘서에서 이 사실을 찾아볼 수 있습니다. 다니엘은 이스라엘 백성의 장래와 관련해 자기에게 나타난 환상에 대한 이해와 인도를 구하며 3주 동안 하나님께 겸손히 기도했습니다. 3주 후 하나님의 응답이 임했는데, 그에게 응답을 전해준 천사는 다니엘이 기도하기 시작한 첫날 하나님께서 그의 기도를 들으셨다고 말했습니다. 천사는 또 자기가 다니엘의 기도에 대한 응답으로 보내심을 받았지만, 그를 방해한 사탄의 강한 군대와 싸우느라 도착이 지체되었다는 것을 말했습니다(단 10:1-14).

우리는 사탄의 방해 때문에 즉각적인 기도 응답을 받지 못할 수 있으며, 따라서 응답이 임할 때까지 기도하는 것을 중단하지 말고 영적 싸움을 계속 해야 합니다. 여러분은 자신을 위해 기도하거나 다른 사람을 위해 중보기도할 때 반드시 응답을 받게 됩니다. 사탄이나 어떤 악한 세력도 하나님의 목적이 성취되는 것을 결코 방해할 수 없습니다.

> 하나님은 여러분에게 계시하고 약속하신 것과 말씀하신 것을 반드시 행하십시다.

나는 오클라호마 주에 사는 여동생을 위해 중보기도하고자 어느 밝은 날 이른 아침 잠자리에서 일어난 적이 있습니다. 또 한 번은 우리 집 아이들이 아직 어렸을 때인 몇 년 전에 있었던 일로 나는 아이들을 학교에 보내고 기도하기 시작했습니다. 나는 마치 어린 아이를 가슴에 품은 여자처럼 가슴을 움켜잡고 기도했는데, 몇 시간 동안 계속했습니다. 전화벨이 울리고 사람들이 찾아와 문을 두드렸지만, 나는 어떤 것 혹은 누구에게도 마음을 빼앗기고 싶지 않았습니다. 나는 주님 안에서 여동생을 위해 간절한 마음으로 열심히 기도만 했습니다. 나는 그때 기도 응답이 있을 때까지 어떤 일이 있어도 중보기도하는 것을 절대 중단하지 않겠다고 다짐했습니다.

나는 2층으로 올라가 무릎 꿇고 엎드렸습니다. 나는 두 손으로 눈을 가리고는 얼굴을 위로 향한 채 이렇게 기도했습니다. "하나님, 여동생에게는 지금 기도가 절실히 필요합니다." 그때 내게 갑자기 환상이 나타났습니다. 내게 그녀의 집이 보이면서 방안에 누워 있는 동생과 남편의 위로 크고 두꺼운 검은색 담요 같은 덮개가 떠 있는 것이 보였습니다. 그것을 지켜보는 동안 그것이 동생 부부에게로 내려오기 시작하더니 그들을 덮어씌우려 했습니다. 그때 갑자기 칼집에서 빼든 화염검(火焰劍)을 손에 든 천사들이 방안으로 들어오는 것이 보였습니다. 천사들이 검은 천을 제거하자 그것이 갑자기 사라졌습니다. 천사들은 하나님을 찬양했으며, 나는 기도를 통해 안도감을 찾았습니다. 나중에 나는 동생으로부터 마치 무엇인가가 그들 부부를 질식해 죽을 정도로 강하게 덮어 누르는 것 같은 것을 느낀 적이 있다고 말하는 것을 들었습니다. 하나님은 나를 사용해 그러한 사탄의 공격에 맞서 기도하게 하신 것입니다.

잘못 구하기 때문에

어떤 기도는 우리가 특별히 간구한 것을 받지 못해서 기도 응답이 전혀 이루어지지 않았다고 볼 수 있습니다. 그러나 이것이 하나님께서 우리의 기도를 듣지 않으셨다거나 성령께서 우리를 위해 중재하시지 않았다는 의미는 아닙니다(롬

8:26). 여러분은 자신의 삶 가운데 하나님의 뜻이 반드시 이루어지리라는 확신 가운데 기도했는데, 장기적인 측면에서 볼 때 그것이 해로워서 하나님께서 기도를 들어주시지 않았다면, 하나님께서 여러분을 그만큼 사랑하신다는 사실에 대해 그분께 감사해야 합니다. 하나님께서 우리에게 해롭지 않고 유익한 기도는 후하게 응답해 주십니다.

응답을 기대하지 않고 기도하기 때문에
효과 없는 기도의 또 한 가지 이유는 계속 기도하되 응답을 기대하지 않고 하므로 마침내 의심이 일어나 부족한 믿음이 기도 응답을 방해하기 때문입니다.

> 믿음이 없이는 하나님을 기쁘시게 하지 못하나니 하나님께 나아가는 자는 반드시 그가 계신 것과 또한 그가 자기를 찾는 자들에게 상 주시는 이심을 믿어야 할지니라 (히 11:6)

우리의 필요한 것들을 채워주기 원하시는 하나님은 우리가 기도를 통해 당신께 믿음을 실천하는 것을 기뻐하십니다. 마태복음 7장에서 주님은 우리가 당신을 간절히 찾을 때 우리를 버리지 않으시되, 우리에게 당신의 온전한 뜻에 따라 마음의 소원을 주신다는 사실을 상기시키고 계십니다.

> 구하라 그리하면 너희에게 주실 것이요 찾으라 그리하면 찾아낼 것이요 문을 두드리라 그리하면 너희에게 열릴 것이니 구하는 이마다 받을 것이요 찾는 이는 찾아낼 것이요 두드리는 이에게는 열릴 것이니라 너희 중에 누가 아들이 떡을 달라 하는데 돌을 주며 생선을 달라 하는데 뱀을 줄 사람이 있겠느냐 너희가 악한 자라도 좋은 것으로 자식에게 줄 줄 알거든 하물며 하늘에 계신 너희 아버지께서 구하는 자에게 좋은 것으로 주시지 않겠느냐 (마 7:7-11)

나는 우리가 주님을 찾을 때 그분이 반드시 우리에게 응답해 주신다는 사실을 알고 있습니다. 그런데 하나님은 조용하고 낮은 소리로도 우리에게 응답하실 수 있습니다(왕상 19:11-12). 우리가 응답을 기대하면서 기도할 때, 하나님은 우리에게 환상을 보여주시거나, 전화 혹은 당신이 택하신 질그릇 같은 사람을 통해 응답하기도 하십니다.

> 믿음은 바라는 것들의 실상이요 보이지 않는 것들의 증거니 (히 11:1)

여러분이 기도에 아무런 응답을 받지 못하고 있다면, 그것은 여러분이 기도하는 것을 중단했다거나 믿음이 부족하기 때문입니다.

믿음으로 기도해야 함

기도 응답을 가져다주는 통로는 바로 믿음입니다. 마치 하나님께서 듣고 계시지 않은 것처럼 보일 때도, 여러분은 기도에 대해 가시적(可視的)인 결과가 나타날 때까지 믿음으로 계속 기도해야 합니다. 마귀가 하나님께서 관심을 기울이고 계시지 않는 것처럼 생각하도록 우리의 마음을 미혹하는 이유가 여기에 있습니다. 사탄은 우리가 낙심하고 하나님을 의심하기 원합니다. 하나님을 의심할 때 우리는 종종 자신의 영적인 상처에 대해 현실 도피나 충동적인 행동과 같은 세상의 방법에 의한 해결책을 시도하는데, 안타깝게도 그것이 일시적인 위로는 될지 모르지만, 장기적으로는 해로운 결과를 가져다줍니다.

하지만 마태복음 6장 8절은 우리에게 "구하기 전에 너희에게 있어야 할 것을 하나님 너희 아버지께서 아시느니라"라고 말하고 있습니다. 물론, 하나님은 우리의 기도를 듣고 계십니다. 우리가 구하기도 전에 하나님께서 우리의 필요한 것을 아시는데 그분께서 우리의 내적인 생각과 기도를 통해 외적으로 구하는 것을 들으신다는 것은 너무나 분명한 사실입니다. 여러분이 하나님께서 가시적인 방법으로 기도에 대한 응답을 보여주신다는 사실을 믿기 위해서는 영적인 분별력과 믿음이 필요합니다.

세상에 계실 때 하나님의 일만 행하신 예수님은 요한복음 14장 12-14절에서 우리에게 매우 놀라운 사실을 말씀하고 계십니다.

> 내가 진실로 진실로 너희에게 이르노니 나를 믿는 자는 내가 하는 일을 그도 할 것이요 또한 그보다 큰 일도 하리니 이는 내가 아버지께로 감이라 너희가 내 이름으로 무엇을 구하든지 내가 행하리니 이는 아버지로 하여금 아들로 말미암아 영광을 받으시게 하려 함이라 내 이름으로 무엇이든지 내게 구하면 내가 행하리라
>
> (요 14:12-14)

믿음은 우리의 인간적인 생각을 영적인 사고로 바꿔주므로 우리가 이제는 물질적인 한계에 근거해 생각하거나 행동하지 않게 됩니다. 아니, 하나님의 영의 인도를 받는 우리는 불가능해 보이는 위대한 일도 행할 수 있습니다. 하나님은 여러분의 기도에 대한 응답을 이유 없이 지체하시지 않습니다. 우리는 예수님의 말씀을 습관적으로 말하지만, 그것을 우리의 삶 가운데 적용하기 전에는 결코 진정으로 받아들인 것이 아닙니다. 그러면 우리가 하나님으로부터의 가시적인 기도 응답을 체험하기 위해서는 무엇이 필요할까요? 그것은 예수 그리스도에 대한 믿음입니다.

믿는 자들에게는 어떤 결과가 나타납니까? 그것은 예수님

께서 행하신 것들을 여러분도 할 수 있게 되는 결과를 가져옵니다.

> 여러분은 우리가 의심하지 않고 하나님의 말씀을 진정으로 믿을 때, 어떤 일이 일어나리라는 것을 상상할 수 있습니까?

예수님은 하늘에 계신 아버지이신 하나님께로 돌아가실 때 성령께서 우리 안에 거하사 은사와 능력을 주시므로 믿는 우리는 그분의 사명을 계속 감당할 수 있게 되었습니다. 우리는 예수님의 이름으로 아버지의 영광을 위해 그분께서 행하신 것보다 더 큰 것도 할 수가 있습니다.

여러분이 예수님의 이름으로 구할 때, 하나님은 당신의 뜻에 따라 그것을 이루십니다. 예수님은 우리가 당신의 이름으로 기도 응답을 구하는 것을 기뻐하십니다. 예수님은 우리의 기도를 예배 행위로 받으시며, 그것을 다음과 같은 말로 간주하십니다. "주님, 당신은 만물의 주관자이시며, 저의 필요한 것을 들어주실 수 있는 유일한 분이십니다. 저는 당신을 믿으며, 당신께서 저의 기도에 응답해 주실 것을 확신합니다." 예수님은 우리가 당신의 이름이 가진 고귀한 권위에 의지하여 기도할 것을 말씀하셨습니다.

> 내 이름으로 무엇이든지 내게 구하면 내가 행하리라 (요 14:14)

여러분은 우리가 의심하지 않고 하나님의 말씀을 진정으

로 믿을 때, 어떤 일이 일어나리라는 것을 상상할 수 있습니까? 교회 안에서는 계속해서 기적이 일어날 것입니다. 병든 자에게 손을 얹고 기도할 때, 그들이 회복되는 것을 보는 사람이 더욱 많아질 것입니다. 그리고 믿지 않는 자들은 그리스도인에 대해 매우 진지하게 생각할 것입니다. 나아가 우리를 싫어하는 사람들조차 우리의 삶을 지배하시는 성령의 역사를 부인하지 못할 것입니다.

이것이 바로 다윗이 이스라엘 왕이 되기 전부터 갖고 있던 믿음입니다. 그는 자기에게 닥쳐오는 도전들을 피하지 않았습니다. 다윗은 자기가 섬기는 하나님은 아주 작게 보이지만 자신이 감당하기에는 너무 큰 문제들 때문에 종종 어려움이 생겼습니다. 다윗은 자신이 역경에 처했을 때, 계속되는 비난에도 불구하고 결코 흔들리지 않는 믿음을 갖고 있었습니다.

사무엘상 17장에는 다윗이 이스라엘 군대도 두려워한 블레셋 장수인 거인 골리앗에게 대항한 장면이 기록되어 있습니다. 그 당시 다윗은 어린 소년에 불과했습니다. 그러나 다윗은 그의 맏형인 엘리압이 자기를 꾸짖을 때도, 그러한 도전에 따르게 될 위험성을 인정조차 하지 않았습니다. 오히려, 다윗은 이렇게 주장했습니다. "다윗이 이르되 내가 무엇을 하였나이까 어찌 이유가 없으리이까"(삼상 17:29) 다시 말해, 다윗은 형에게 자신에 대해 그가 가진 문제의 본질을 알아야 할 것을 요구했습니다. 다윗의 생각은 이러했습니다.

그렇게 해야만 하는 것에는 분명한 이유가 있습니다. 이 블레셋 놈을 죽이려고 나서는 사람이 아무도 없으니, 내가 가서 그를 처치하는 것은 당연하지 않겠어요?

다윗은 비록 체구는 작았지만, 하나님을 향한 믿음이 있었습니다. 다윗의 믿음은 하나님을 섬기는 자를 모욕하는 자들에 대해 분노를 참지 못할 만큼 컸습니다. "이 할례 받지 않은 블레셋 사람이 누구이기에 살아 계시는 하나님의 군대를 모욕하겠느냐"(삼상 17:26) 우리는 영적 싸움을 할 때 잘못 분노하는 경우가 많습니다. 우리는 자신이 직면한 상황에 하나님을 원망할 것이 아니라, 다윗처럼 하나님의 말씀을 통해 마귀를 물리치므로 하나님을 대적하는 자를 향해 분노해야 합니다. 다윗이 하나님을 향한 믿음을 가질 수 있었던 것은 그가 예배와 하나님의 말씀에 대한 묵상을 통해 많은 시간을 그분과 함께 보냈기 때문입니다. 그것의 응답으로 하나님은 다윗에게 당신을 향한 믿음으로 말미암아 그에게 권능을 줬다는 사실을 이미 계시하고 증거하셨습니다.

그러므로 다윗에게는 하나님께서 주신 자기로서는 감당할 수 없는 커다란 장애물을 물리칠 수 있는 능력이 있었습니다. 사울 왕이 다윗에게 "너는 소년이요, 그는 어려서부터 용사"(삼상 17:33)라는 사실을 상기시켰을 때, 다윗은 단호하게 이렇게 대답했습니다. "이르되 여호와께서 나를 사자의 발톱과 곰의 발톱에서 건져내셨은즉 나를 이 블레셋 사람의 손에서도 건져내시리이다 사울이 다윗에게 이르되 가라 여호와께서 너와 함께 계시기를 원하노라"(삼상 17:37) 아무도, 심지어는 왕까지도 다윗이 하나님의 권능으로 행하는 것을 막을 수 없었습니다.

여러분이 하늘에서부터 오는 능력으로 충만하고 그것을 알 때, 아무도 여러분에게 하나님을 의심하게 하는 말이나 행동을 할 수가 없습니다. 오늘날 사람들은 자신의 기도가 응답되기를 바라지만, 그것이 응답될 것은 크게 기대하지 않으면서 기도를 합니다. 여러분은 인간의 생각으로는 물리치는 것이 결코 불가능해 보이지만, 하나님의 능력과 권능은 무한하다는 사실을 알아야 합니다. 우리의 편이 되시는 하나님으로 자신의 능력이 아닌 하나님의 능력으로 행한다는 사실을 아시기 바랍니다.

> 만군의 여호와께서 말씀하시되 이는 힘으로 되지 아니하며 능력으로 되지 아니하고 오직 나의 영으로 되느니라 (슥 4:6)

낙심하지 말아야 함

우리는 하나님께서 나타나 우리가 삶 가운데 직면하는 엄청난 문제들을 극복해주실 것인지에 대해 의심할 수밖에 없는 상황들을 직면합니다. 그러나 고린도후서 4장은 우리에게 소망 가운데 끝까지 인내할 것을 말해주고 있습니다.

> 그러므로 우리가 낙심하지 아니하노니 우리의 겉사람은 낡아지나 우리의 속사람은 날로 새로워지도다 우리가 잠시 받는 환난의 경한 것이 지극히 크고 영원한 영광의 중한 것을 우리에게 이루게 함이니 우리가 주목하는 것은 보이는 것이 아니요 보이지 않는 것이니 보이는 것은 잠깐이요 보이지 않는 것은 영원함이라
>
> (고후 4:16-18)

본 절은 우리에게 다음과 같이 말하고 있습니다.

- 낙심해서는 안됨.
- 겉으로 보이는 것과 상관없이, 우리의 능력은 우리 안에 거하시는 하나님으로 말미암아 새로워지고 있음.
- 우리가 당하는 것들이 보이는 것처럼 실제 그렇게 크지 않은 것은 그보다 훨씬 더 큰 소망이 항상 우리와 함께 있기 때문임.
- 물질 세계에서 일어나는 것들에 지나치게 많은 초점을 두어서는 안됨. 중요한 것은 영적 세계에서 일어나는 것임.
- 우리에게 보이는 것(우리의 환경)은 잠깐이지만, 보이지 않는 것들(우리에 대한 하나님의 역사와 그분께서 우리를 예

수님의 형상으로 변화시키시는 것)은 우리에게 영원한 영광을 보장해줌.

기적의 체험을 바로 눈앞에 두고 갑자기 포기하는 사람을 볼 때마다 언제나 안타까움을 느끼게 됩니다. 하나님은 여러분이 연약하고, 마치 여러분과 당신 사이에 교제가 단절된 것처럼 느껴질 때도 여러분에게 인내가 필요하다는 사실을 계속 주지시키십니다. 하나님은 당신을 의지하는 연약한 자에게 능력을 주십니다. 하나님께서 자기의 힘으로는 아무것도 할 수 없다고 생각하는 자에게는 힘을 더하십니다(사 40:29). 우리가 무능함을 느낄 때, 하나님께 나아가 능력을 구하는 것을 그분은 기뻐하십니다. 하나님은 여러분이 모든 짐을 그분의 발 앞에 내려놓기 원하십니다.

너희 염려를 다 주께 맡기라 이는 그가 너희를 돌보심이라 (벧전 5:7)

여러분은 하나님과 함께 소중한 시간을 보내고, 그분을 삶 가운데 가장 중요한 자리에 모셔야 합니다. 여러분이 하나님을 가장 소중히 여길 때, 그분은 여러분을 충만하게 하실 것입니다.

> 하나님께서는 우리가 무능하다고 느껴 당신께 나아가 능력을 구할 때 그것을 기뻐하십니다.

여러분에게 어떠한 일이 일어

나든, 하나님을 의지하는 것을 절대 포기하지 마십시오. 그것은 하나님께서 여러분을 결코 버리지 않으실 것이기 때문입니다. "내가 결코 너희를 버리지 아니하고 너희를 떠나지 아니하리라 하셨느니라"(히 13:5) 하나님을 의지하십시오. 그렇게 할 때 여러분에게는 하나님께서 맡기신 소명을 행하지 못하게 방해하는 모든 장애물을 물리칠 수 있는 능력이 곧 임할 것입니다.

> 오직 여호와를 앙망하는 자는 새 힘을 얻으리니 독수리가 날개치며 올라감 같을 것이요 달음박질하여도 곤비하지 아니하겠고 걸어가도 피곤하지 아니하리로다 (사 40:31)

기도할 때 경험하는 하나님의 기적

우리는 남녀노소를 막론하고 모두가 하나님께 나아가 기도해야 합니다. 나는 기도할 때 하나님으로부터 오는 많은 기적을 체험했으며, 그분은 나에게 당신의 사랑을 자주 확인시키셨습니다. 우리가 하나님의 인도를 구하고 그분을 의지할 때, 하나님과 우리 사이에는 더욱 강한 교제가 형성됩니다. 거기에 하나님은 여러분에게 자신의 시련에 대한 영적인 통찰력을 주실 뿐 아니라, 다른 사람을 위해 중보기도할 수 있는 영감(靈感)을 주기도 하십니다.

아버지와 대화할 때 우리에게는 매우 많은 놀라운 유익이 따릅니다. 나는 하나님께서 우리에게 계시하시는 것은 모두가 중요하며, 거기에는 각자 목적이 있다는 사실을 발견했습니다. 하나님은 당신의 종들에게 환상과 계시를 통해 그들이 해야 할 것을 보여주십니다. 내가 기도하면서 하나님을 간절히 찾을 때, 내게는 그러한 것들이 영적으로 임했습니다. 나는 하나님과 만나기 위해 종종 아침 일찍 잠자리에서 일어나, 다른 사람들을 위해 복을 구하고 복음을 전하는 질그릇으로 쓰임 받기 위해 기도합니다.

나는 여기에서 환상과 기도의 능력을 통해 하나님으로부터 임한 몇 가지의 놀라운 체험을 들려주므로 여러분을 독려하고, 여러분의 믿음을 더욱 강하게 해주기 원합니다. 나는 하나님과 대화하고 그분의 말씀에 귀를 기울이므로 나의 삶을 변화시켜 준 기도의 유익성에 대해 사람들에게 이야기할 때마다 매우 흥분이 됩니다.

내게 임한 매우 특별한 환상 가운데 하나는 빛으로 계시된 것입니다. 빛의 광선은 밑으로 내려올수록 좁아졌지만, 하늘에 가까이 이를수록 넓어졌습니다. 나는 밝은 빛이 사람들의 기도를 의미한다는 것을 깨달았는데, 그것은 보기에 매우 아름다웠습니다. 천사들은 기도 내용을 두루마리에 담아 그것을 천상의 특정한 장소에 놓았습니다. 그런데 나는 기도 내용을 기록한 수천 장의 종이가 마치 거대한 산더미처럼 높이 쌓여 있는 것을 보았습니다. 그런데 주님께서는 내게 그것이 땅 위에서 순결한 마음으로 중보기도하는 자들에 대한 기념물이라는 것을 말씀해 주셨습니다.

다시 말하지만, 사탄은 여러분에게 삶에 대한 절망과 불만이 가득하게 하므로 자신의 기도를 게을리할 뿐 아니라, 다른 사람을 위해서도 기도하지 않게 하려 합니다. 사탄은 여러분이 하나님으로부터 문제에 대한 해결책을 구하는 것을 어떻게든 방해하려 합니다. 나는 사람들이 하나님 앞에 나아갈 때, 세상에 엄청난 변화가 일어나게 될 것을 확신합니다. 하나님은 우리의 모든 필요한 것들을 갖고 계시며, 우리가 그분을 가장 중히 여길 때, 우리를 넘치게 축복하십니다.

> 하나님께서는 여러분이 기도를 통해 당신께서 주시는 유익한 것들을 경험하기 원하십니다.

하나님께서 지배하시도록 허락함

여러분은 자신이 완전한 절망 상태에 있다고 느껴질 만큼 많은 상처와 슬픔 가운데 처해있을 때에도, 하나님을 의지하는 것을 결코 포기해서는 안됩니다. 하나님은 여러분을 마귀의 유혹의 가시밭과 숲으로부터 구원하실 때 방석으로 감싸서 인도해 내십니다. 그리고 여러분이 폭풍 가운데 걸어갈 때는 여러분과 함께 동행하십니다. 하나님은 지금까지 그렇게 하지 않으셨거나, 우리를 버리신 적이 한 번도 없습니다. 하나님은 여러분이 당신께서 주시는 유익한 것들을 경험하고, 삶 가운데 장애물이 되는 것들을 극복하기 원하십니다. 여러분은 지금 시련이나 슬픔, 낙심, 불안, 혼돈 또는 의심 가운데 처해있는지 모릅니다. 여러분에게는 마약이나 알코올 중독, 비판, 염려, 분노 혹은 남을 헐뜯는 것과 같은 특별히 물리치고 싶은 습관이 있는지 모릅니다. 그런데 전능하신 하나님은 여러분에게 이러한 습관들은 물론 그 이상의 것들도 극복하도록 도와주실 수 있습니다. 하나님께 기도하고 구하기만 하면 됩니다. 하나님께는 여러분이 당신의 이름을 부르기만 하면 구원해 주실 수 있는, 세상의 어떤 것보다도 강한 능력이 있습니다.

시편 145편은 우리에 대한 하나님의 사랑을 다음과 같이 표현하고 있습니다.

> 여호와께서는 그 모든 행위에 의로우시며 그 모든 일에 은혜로우시도다 여호와께서는 자기에게 간구하는 모든 자 곧 진실하게 간구하는 모든 자에게 가까이 하시는도다 그는 자기를 경외하는 자들의 소원을 이루시며 또 그들의 부르짖음을 들으사 구원하시리

로다 (시 145:17-19)

하나님은 "모든 일"(시 145:17)에 있어 의롭고 은혜로우십니다. 그분은 "우리가 구하거나 생각하는 모든 것에 더 넘치도록"(엡 3:20) 주십니다. 그분은 우리의 간구에 귀를 기울이시고 응답하십니다. 여러분이 어린 아이와 같은 겸손한 마음으로 하나님께 나아갈 때(마 18:3), 그분은 여러분에게 복을 주십니다. 여러분이 기도를 통해 하나님을 찾을 때, 그분은 여러분으로 당신 안에서 자라게 하십니다. 마귀가 수단과 방법을 가리지 않고 우리에게 하나님을 찾지 못하도록 분산 정책을 쓰는 이유가 여기에 있습니다.

여러분이 하나님으로부터 멀리 떠나 있거나 낙심 가운데 있을 때, 그분께 다시 돌아갈 수 있는 유일한 방법은 기도입니다. 여러분은 기도하는 법을 알지 못하거나, 기도에 대한 모든 것들을 이해하지 못할 수 있습니다. 하지만, 그것은 전혀 문제가 되지 않습니다. 그것은 배우면 됩니다. 중요한 것은 여러분이 하나님으로부터 보호와 인도를 받기 위해 그분께 자신의 마음과 삶을 온전히 드리는 것입니다.

물론 가장 중요한 것은 먼저 여러분이 거듭나는 것입니다. 그것을 위해서는 예수님께 여러분의 마음 가운데 들어와 여러분의 모든 죄를 용서하시고, 그분의 피로 여러분을 정결케 하시므로 여러분의 영혼을 구원해 주실 것을 구해야 합니다.

여러분의 생각을 그분께 고백하기 바랍니다. 여러분은 그것을 이렇게 말할 수 있을 것입니다. "주님, 제가 지금 이 자리에 왔습니다. 온갖 실수와 죄를 저지른 몸으로 왔습니다. 저를 위해 돌아가신 예수님의 희생을 통해 저를 용서해 주시기 원합니다. 당신께서 저로 하여금 그러한 것들을 극복하도록 도와주실 수 있는 분이란 것을 믿습니다. 그리고 제가 당신께 가까이 나아가 당신의 능력을 받을 때, 저에게서는 그러한 것들에 대한 욕망이 사라지므로 다시는 죄를 범하지 않으리라는 것을 압니다."

하나님께서 우리에게 원하시는 것은 정직하고 진실한 대화입니다. 여러분은 과실을 범했다는 이유 때문에 하나님께 기도하는 것을 결코 중단해서는 안됩니다. 여러분은 하나님께 나아가 그분께서 주시는 능력을 받을 때 마침내 죄를 극복하게 됩니다.

여러분의 삶 가운데 예수 그리스도를 영접할 때, 그분께서 임재하시는 능력으로 말미암아 변화가 나타나기 시작합니다. 다시 말해, 여러분은 장차 영원한 처소인 천국에서의 삶을 시작하게 됩니다. 여러분은 하늘나라의 평안을 체험하기 위해 그곳에 갈 때까지 기다릴 필요가 없습니다. 여러분이 이 땅에서도 천국의 평안을 누릴 수 있기 때문입니다(요 14:27).

영원히 잊을 수 없는 체험의 문을 열어야 함

 기도는 문을 여는 열쇠와 같습니다. 우리가 의심하지 않고 하나님의 말씀을 믿을 때, 우리는 많은 꿈과 소망이 실현되는 것을 경험하게 됩니다. 우리는 고통 가운데 있을 때, 뿐만 아니라 하나님과 지속적인 교제를 위해 그분과 끊임없이 대화할 때, 믿음이 더욱 강해지며 마귀의 위협과 속임수에 쉽게 넘어가지 않게 됩니다.

 우리의 삶 가운데 바람직한 변화가 나타나는 유일한 방법은 강한 기도생활을 위해 노력하는 것입니다. 나는 우리가 하나님 앞에 나아가 간절한 마음으로 기도할 때, 그분께서 하늘에서 오는 놀라운 복을 주실 것을 믿습니다. 나는 우리의 하나님이시요, 우리를 사랑하시는 그분께서 또 우리 자녀를 마약 중독에서 구원해 주시고, 가족을 치유하시며 우리를 위험으로부터 지켜 주실 것을 믿습니다. 나는 이 책으로 인해 많은 사람이 하나님과 대화하고 그분과 더욱 깊은 교제를 이루어 자신의 장애물을 물리치고, 하나님께 더욱 가까이 나아가도록 돕는 데 사용되기를 기도합니다.

Chapter 2

'방법'은 하나님께 있음

우리는 수년 동안을 기도하고 노력했음에도 불구하고 기도의 결과가 나타나는 것을 보지 못할 때 매우 실망하고, 믿음이 약해질 수 있습니다. 낙심은 우리로 하여금 하나님께서 우리에게 기도 응답을 주실 때도 그것을 깨닫지 못하게 하는 원인이 될 수 있습니다. 그 결과 우리는 자기가 믿는 것과 나아가서는 하나님께 구한 것도 받지 못할 수가 있습니다.

여기에서 잠시 다음과 같은 상황을 상상해 보도록 합시다. 여러분이 오랫동안 갖기를 꿈꿔온 차에 대한 구매를 문의하러 자동차 판매상을 찾아갑니다. 대리점에 가보니 여러분이 마음속으로 갖고 싶었던 차가 전시되어 있습니다. 여러분은 곧바로 판매업자에게 달려가 자신의 돈으로 그것을 살 수 있는지의 여부를 물어봅니다. 그때 대리점 사장이 가까이 오더니 놀라운 소식을 전합니다. "우리 회사의 창업 50주년 기념 행사로 이 차를 공짜로 드리겠습니다. 찻값은 전액 무료입니다. 이제는 고객의 차가 되었습니다. 당장 차를 몰고 집으로 가셔도 됩니다." 하지만 여러분은, 선물에 대해 기뻐하고 대리점 사장에게 고마움을 표하는 대신 자동차 받는 것을 사양하고는 그대로 돌아갑니다.

이러한 가상적인 이야기가 매우 우스꽝스럽게 보일지 모르지만, 오늘날 많은 사람이 자신이 모르는 가운데 하나님을 그러한 식으로 대하고 있습니다. 우리는 하나님께서 허락하신 복을 받고 그것에 대해 그분을 찬양하는 것이 아니라, 하나님께서 그렇게 늦게 응답하신 것과 과연 진정한 기도 응답인지와 그분의 방법으로 주신 것에 대해 이유를 따지다시피 합니다.

기도에 대한 오해의 위험

성경에는 예수님에 대해 누군지 알지 못했다거나, 그분을 배척한 사람들에 대한 이야기가 기록되어 있습니다. 다음의 예들은 오늘날 우리의 모습을 암시하는 것들이라고 할 수가 있습니다. 오늘날 사람들은 하나님께서 지금도 역사하고 계시다는 사실을 인정하지 않거나 자기가 원하는 대로 임하지 않은 기도 응답에 대해 그것을 거절하기 때문에 기도 응답의 기회를 놓치고 있습니다.

하나님의 응답을 깨닫지 못함

예수님은 커다란 무리에게 복음을 전하기 위해 처음 전도 사역을 준비하실 때, 두 개의 빈 배를 발견하셨습니다. 옆에서는 어부들이 그물을 씻고 있었습니다. 예수님께서는 그 중 하나인 시몬 베드로의 배에 올라타시고는 그에게, "육지에서 조금"(눅 5:3) 떼어 놓으라고 말씀하셨습니다.

예수님께서 행하신 모든 것에는 분명한 이유가 있었습니다. 하나님께서 우리에게 주시는 명령 가운데는 우리 자신뿐만 아니라, 다른 사람들에게 복 주시기 위한 경우가 많습니다. 우리가 하나님의 명령을 의심하지 않고 그대로 지켜야 하는 매우 중요한 이유가 바로 여기에 있습니다. 예수님께서 베드로에게 배를 육지에서 띄우라고 말씀하신 것은 축복의 순간이 임박했기 때문입니다. 거기에 모인 사람들은 하나님께서 예수님을 통해 주시는 생명의 말씀을 듣게 되었습니다. "앉으사 배에서 무리를 가르치시더니"(눅 5:3)

> 예수님께서는 언제나 우리가 "구하거나 생각하는"(엡 3:20) 것보다 위대한 계획을 마음 가운데 갖고 계십니다.

여러분은 예수님께서 배에 오르실 때마다 기적이 일어났다고 생각할지 모릅니다. 그러나 베드로는 자신의 인간적인 상황에 실망하므로 하나님께서 그를 위해 예비하신 영적인 축복의 기회를 잃었습니다.

> 말씀을 마치시고 시몬에게 이르시되 깊은 데로 가서 그물을 내려 고기를 잡으라 시몬이 대답하여 이르되 선생님 우리들이 밤이 새도록 수고하였으되 잡은 것이 없지마는 말씀에 의지하여 내가 그물을 내리리이다 하고 (눅 5:4-5)

베드로는 다음과 같이 말함으로 결국 예수님의 명령에 불순종했습니다. "물론 당신께서는 우리가 고기를 잡기 원하십니다. 그러나 우리는 매우 숙련된 어부들인데도 불구하고 밤새 그물을 던졌지만, 지금까지 잡은 것이 아무것도 없습니다. 저는 선생님의 충고가 우리에게 과연 얼마나 도움이 될지 모르겠습니다." 베드로는 예수님의 명령을 거스르지 않으면서도 자기의 주장을 입증하기 위해 그물을 쳤던 것 같습니다. 우리는 예수님께서 베드로에게 그물을 치라고 말씀하실 때의 그물은 복수형이지만, 베드로가 친 그물은 단수형으로 표기되어 있다는 사실을 주목해야 합니다.

여러분은 그때 베드로에게는 믿음이 전혀 없었다고 생각할지 모릅니다. 베드로를 비롯한 다른 어부들은 매우 지쳐 있었으며, 그들이 그물을 씻고 있을 때 예수님께서 다가와 그들에게 다시 바다에 그물을 던지라고 말씀하셨습니다. 베드로가 취할 방법은 예수님의 명령에 대해 부분적으로만 순종하는 것이었습니다. 우리가 예수님을 부담스러운 대상으로 간주하거나 온전히 순종하지 않을 때, 우리는 삶에 있어 '매우 소중한 것들'을 잃게 됩니다.

> 그렇게 하니 고기를 잡은 것이 심히 많아 그물이 찢어지는지라 이에 다른 배에 있는 동무들에게 손짓하여 와서 도와 달라 하니 그들이 와서 두 배에 채우매 잠기게 되었더라 시몬 베드로가 이를 보고 예수의 무릎 아래에 엎드려 이르되 주여 나를 떠나소서 나는 죄인이로소이다 하니…세베대의 아들로서 시몬의 동업자인 야고보와 요한도 놀랐음이라 예수께서 시몬에게 이르시되 무서워하지 말라 이제 후로는 네가 사람을 취하리라 하시니 (눅 5:6-8, 10)

예수님은 언제나 우리가 생각하는 것보다 훨씬 위대한 계획을 마음 가운데 갖고 계십니다.

> 우리 가운데서 역사하시는 능력대로 우리가 구하거나 생각하는 모든 것에 더 넘치도록 능히 하실 이에게 (엡 3:20)

베드로는 예수님께서 그에게 주실 복을 받을 준비가 되어 있지 않았던 것입니다. 물질적인 그물은 하나님께서 주신 풍성한 복을 다 담지 못하고 찢어졌습니다. 그러나 베드로에게는 그보다 훨씬 더 큰 축복이 임했습니다. 그것은 베드로가 예수님께 순종하고 하나님의 방법으로 살 때 수 많은 영혼을 하나님 나라로 인도하게 되는 하나님으로부터의 부르심이었습니다.

만약 하나님께서 여러분의 마음 가운데 원하는 것들에 즉각 응답해 주신다면 여러분은 어떻게 하겠습니까? 하나님께 따지고 들겠습니까? 아니면 그분께서 여러분이 원한 것을 주셨다고 인정하겠습니까? 그리고 그것에 대해 하나님께 감사하고, 그분을 찬양하겠습니까?

그러나 베드로는 예수님과의 이러한 경험을 통해 중요한 교훈을 깨달았음이 분명합니다.

마태복음에 기록되어 있는 다음과 같은 이야기를 주목하기 바랍니다.

> 제자들이 그가 바다 위로 걸어오심을 보고 놀라 유령이라 하며 무서워하여 소리 지르거늘 예수께서 즉시 이르시되 안심하라 나니 두려워하지 말라 베드로가 대답하여 이르되 주여 만일 주님이시거든 나를 명하사 물 위로 오라 하소서 하니 오라 하시니 베드로가 배에서 내려 물 위로 걸어서 예수께로 가되 바람을 보고 무서워 빠져 가는지라 소리 질러 이르되 주여 나를 구원하소서 하니

> 예수께서 즉시 손을 내밀어 그를 붙잡으시며 이르시되 믿음이 작은 자여 왜 의심하였느냐 하시고 배에 함께 오르매 바람이 그치는지라 배에 있는 사람들이 예수께 절하며 이르되 진실로 하나님의 아들이로소이다 하더라 (마 14:26-33)

기도 응답이 여러분이 원하는 대로 임하지 않을 수 있습니다. 그렇다고 그것을 받아들이는 것을 두려워해서는 안됩니다. 본 절에서 기적을 체험할 만한 믿음을 가진 사람은 베드로 한 사람으로 그는 용감하게 배에서 내려와 예수님과 함께 물 위를 걸었습니다. 하지만, 그가 예수님 대신 환경을 바라보는 순간 그에게는 의심이 생겼습니다. 여러분, 용기를 가지시기 바랍니다! 하나님께서 여러분에게 기적을 행하실 때 그것을 받아들이는 것을 두려워해서는 안됩니다.

하나님의 응답을 거절함

사람 중에는 하나님께서 자기들 가운데 역사하고 계시다는 사실을 인정하면서도 그분께서 역사하시는 것이 마음에 들지 않는다는 이유로 하나님께서 주시는 복을 받아들이지 않는 자들이 있습니다.

나는 블루머 감독(Bishop Bloomer)에게서 그가 수천 명의 회중이 모여 하나님의 말씀 듣기를 간절히 기다리고 있던 예배의 설교를 부탁받았다는 어느 아름다운 주일 아침에 대한 이야기를 들은 적이 있습니다. 설교하기 전에 독창자가 특송을 부르기 위해 마이크 앞에 섰습니다. 그는 그 교회의 교인도, 복음성가 가수도 아니었습니다. 그는 빠른 박자와 크고 강한 톤의 대중가요를 부르는 것으로 널리 알려진 경쾌한 리듬의 유명한 블루스 가수였습니다. 그는 강대상 앞으로 걸어 나오더니 회중들에게 하나님의 치료하시고 구원하시는 능력에 대한 놀라운 간증을 들려준 다음 자기에게는 하나님의 말씀이 절실히 필요하다는 것을 말했습니다. 그가 입을 벌려 찬양을 부르자 예배당의 분위기가 갑자기 바뀌었습니다. 사람들은 손을 들고 흔들며 큰 소리로 하나님께 부르짖었습니다. 그것은 성령께서 임하시어 예배를 강권적으로 주장하시며 그들 위에 마치 정교한 구름으로 머무신 것이 분명했습니다.

> 우리는 하나님께서 당신의 행하고 계신 것을 아시며, 마음 가운데 우리를 가장 유익게 하려는 생각을 갖고 계시다는 사실을 진정 믿어야 합니다.

그 순간 블루머 감독에게는 교인들 가운데 예배당의 한쪽 자리에 앉아 있는 나이가 지긋한 사람들의 모습이 눈에 들어왔습니다. 예배가 계속 진행되는 동안 그들은 마치 하나님께서 합당치 않은 사람을 사용하고 계신 것에 항의 표시라도 하듯 팔짱을 낀 채 앉아 있었습니다. 우리가 하나님께, "주님, 잃어버린 영혼을 구원하시고, 병든 자를 치료해 주옵소서."라고 기도하고는 그것을 들어주시면 불평하는 것은 도대체 어떻게 된 것일까요? 이처럼 자기 의에 사로

잡힌 분노는 마귀가 우리에게 영혼 구원을 방해하기 위해 은밀히 사용하는 책략(策略) 가운데 하나입니다. 왜냐하면, 우리는 기도할 때, 하나님께 우리의 기도에 어떻게 응답해 주셔야 할 것인지의 방법을 말해서는 안되기 때문입니다.

블루머 감독은 자기 교회의 회중들에게 종종, " '방법' 은 여러분이 관여할 사항이 아닙니다."라고 말한다고 합니다. 다시 말해, 우리의 기도에 대한 하나님의 응답 방법은 우리의 소관(所管)이 아니라는 것입니다. 우리가 할 것은 기도한 다음 한 발 물러나 하나님께서 당신의 뜻에 따라 가장 합당한 방법으로 응답하실 때까지 기다리는 것입니다.

성경에는 하나님을 안다고 하지만 그분과 그분의 방법을 인정하지 않으므로 자신에게 예비된 위대한 축복을 잃은 자들이 있습니다. 그러면 예수님의 생애 가운데 있었던 이러한 사건들에 대한 2가지 예를 살펴보도록 합시다.

> 유대인들이 다시 돌을 들어 치려 하거늘 예수께서 대답하시되 내가 아버지로 말미암아 여러 가지 선한 일로 너희에게 보였거늘 그 중에 어떤 일로 나를 돌로 치려 하느냐 유대인들이 대답하되 선한 일로 말미암아 우리가 너를 돌로 치려는 것이 아니라 신성모독으로 인함이니 네가 사람이 되어 자칭 하나님이라 함이로라
>
> (요 10:31-33)

예수님의 사역에 대한 유대인들의 반응에 대해 사도 요한은 다음과 같이 요약해서 말하고 있습니다.

> 그가 세상에 계셨으며 세상은 그로 말미암아 지은 바 되었으되 세상이 그를 알지 못하였고 자기 땅에 오매 자기 백성이 영접하지 아니하였으나 영접하는 자 곧 그 이름을 믿는 자들에게는 하나님의 자녀가 되는 권세를 주셨으니 (요 1:10-12)

여러분에게 복이 임할 때, 그것을 '거절하지 마시기' 바랍니다. 하나님을 인간의 수준으로 떨어뜨리므로 그분을 제한해서는 안됩니다. 하나님은 불가능한 것이 없으신 분입니다 (마 19:26). 유대인들이 신성 모독죄로 예수님을 돌로 치려했지만, 사실은 그들이 하나님을 모독했습니다. 그들은 예수님을 향해 귀신이 들렸다고까지 비난했습니다(요 10:20). 귀신을 내쫓으신 분이 바로 귀신 들린 자로 오해와 비난을 받은 것입니다. 그러므로 예수님께서는 다음과 같이 말씀하셨습니다.

> 만일 내가 내 아버지의 일을 행하지 아니하거든 나를 믿지 말려니와 내가 행하거든 나를 믿지 아니할지라도 그 일은 믿으라 그러면 너희가 아버지께서 내 안에 계시고 내가 아버지 안에 있음을 깨달아 알리라 하시니 (요 10: 37-38)

오늘날도 사람들은 여전히 예수님을 배척하고, 그분을 향해 '돌'을 던지고 있습니다. 오늘날은 사람들이 대중 매체를 통해 그분께 돌을 던지고 있습니다. 예를 들어, 예수님의 이름이 조금이라도 드러나기만 하면 종종 즉각적인 공격이 가해집니다. 그러나 예수님의 생애와 사역은 그분께서 하나님이심을 증거합니다. 그렇다면 우리는 그분을 어떻게 대하고 있습니까? 우리는 자신의 삶 가운데 나타나는 예수님의 활동에 대한 자신의 반응에 책임을 져야 합니다. 예수님은 우리에게 필요한 응답으로 우리를 복 주려 하시는데, 우리가 의심과 불신앙으로 그분께 '돌'을 던져서는 안됩니다.

예수님의 생애 가운데 있었던 두 번째 사건은 그분께서 체포당하신 후 일어났습니다.

> 예수께서 총독 앞에 섰으매 총독이 물어 이르되 네가 유대인의 왕이냐 예수께서 대답하시되 네 말이 옳도다 하시고 대제사장들과 장로들에게 고발을 당하되 아무 대답도 아니하시는지라 이에 빌라도가 이르되 그들이 너를 쳐서 얼마나 많은 것으로 증언하는지 듣지 못하느냐 하되 한 마디도 대답하지 아니하시니 총독이 크게 놀라워하더라 (마 27:11-14)

예수님이 당한 가장 심한 배척은 그분을 죽게 하신 여러 사건 속에서 찾아볼 수 있을 것입니다. 예수님을 정죄한 종교

지도자와 정치지도자들은 그분이 실제 누구인지에 대해 전혀 알지 못했습니다. 우리는 위에 있는 성경 말씀을 통해 한 가지 분명한 사실을 알 수 있습니다. 그것은 예수님께서 결코 논박(論駁)하시지 않으셨다는 것입니다. 그분은 사실에 대해 간단히 진술하시고 계속해서 아버지의 일을 하셨습니다.

예수님은 자신을 구하기 위해 당신이 누구라는 것을 부인하지 않으셨지만, 사람들의 무지로 인해 그들에게 축복하시는 것을 중단하시지도 않았습니다. 따라서 사람들이 그분으로부터의 복과 기적을 체험하지 못한 것은 그분을 배척한 것에 대부분 원인이 있었습니다(막 6:1-6).

하나님께서 하신 약속을 여러분이 쉽게 포기하면 기도를 통한 유익한 결과를 절대 받을 수 없습니다. 하나님을 포기하는 것은 곧 자신에 대한 포기를 의미합니다. 하나님의 도움 없이는 여러분이 삶 가운데 진정 필요한 것들을 얻을 수 없으며, 여러분의 기도를 방해할 뿐 아니라 여러분을 향해 공격해 오는 마귀에 대항해서 싸울 수도 없습니다.

기도 응답을 받을 준비가 되어있는가?

하나님의 말씀은 오늘날도 옛날과 마찬가지로 살아있지만, 우리가 그것을 쉽게 믿으려 하지 않기 때문에 기도 응답을 받는데 종종 방해가 됩니다. 자녀가 부모에게 찾아가 필요한 것을 구할 때 그들은 한 가지 사실만을 알기 원합니다. "제게 그것을 주실 수 있나요? '응', '아니'로 답해 주세요." 식으로 말입니다. 이때 부모가 "응"으로 대답하면 자녀는 주위를 머뭇거리며, "그것을 어떠한 식으로 주시겠어요?" 하고 더 묻지 않습니다. 그들은 부모가 "응"이라고 대답한 것에 기뻐할 뿐, '방법'에 대해서는 거의 혹은 전혀 관심이 없습니다. 어떤 의미에서 하나님께 가져야 할 우리의 태도가 바로 이것입니다. 우리는 하나님께서 주시는 복을 당연하게 여겨서는 안됩니다. 우리는 하나님께서 이미 우리를 위해 행하고 계시다는 것을 알며, 마음 가운데 언제나 우리에게 가장 유익하게 하시려는 생각을 하고 계시다는 사실을 믿음으로 그분께 진정 의지해야 합니다. 자녀는 부모가 반복적으로 약속을 어기지만 않는다면, 부모들이 말한 것을 당연히 행하리라고 믿습니다. 우리 하나님은 하신 약속을 반드시 지키시는 분입니다.

> 주의 말씀의 강령은 진리이오니 주의 의로운 모든 규례들은 영원하리이다 (시 119:160)

> 그의 신기한 능력으로 생명과 경건에 속한 모든 것을 우리에게 주셨으니 이는 자기의 영광과 덕으로써 우리를 부르신 이를 앎으로 말미암음이라 이로써 그 보배롭고 지극히 큰 약속을 우리에게 주

> 사 이 약속으로 말미암아 너희가 정욕 때문에 세상에서 썩어질 것
> 을 피하여 신성한 성품에 참여하는 자가 되게 하려 하셨느니라
> (벧후 1:3-4)

> 또 약속하신 이는 미쁘시니 우리가 믿는 도리의 소망을 움직이지
> 말며 굳게 잡고 (히 10:23)

우리는 하나님께서 스스로 하신 말씀을 반드시 행하시는 분이라는 것을 그대로 믿고 기다려야 합니다.

> 너희 안에서 착한 일을 시작하신 이가 그리스도 예수의 날까지 이
> 루실 줄을 우리는 확신하노라 (빌 1:6)

확신에는 의심의 여지가 없습니다. 이것은 여러분이 하나님께서 하신 약속을 그대로 행하실 것을 믿고 조금도 의심해서는 안된다는 것을 의미합니다.

하나님은 여러분이 기도하다가 낙심하기를 원치 않으십니다. 그분께서는 여러분의 간구와 부르짖음에 대해 응답하기를 원하십니다. 하나님과 대화하므로 그분과 그분의 방법을 아는 것에 계속 힘쓰시기 바랍니다. 하나님의 말씀에 순종하고, 그분께서 여러분의 삶 가운데 어떻게 역사하는지를 지켜보시기 바랍니다.

Chapter 3

거짓된 신에게서 해답을 찾음

기독교인들 가운데는 악한 근원으로 인생 문제의 해답을 추구하므로 자신도 모르게 하나님께서 그들에게 요구하시는 합당한 삶을 살지 못하는 자들이 있습니다. 얼마 전까지만 해도 미국 사회, 특히 유대-기독교적인 문화유산의 영향을 받은 사회에 속한 사람들 사이에서, 별자리를 보고 길흉(吉凶)을 점치는 사람들이 있다는 생각은 결코 낯설고 흔치 않은 견해였습니다. 그러나 오늘날 많은 사람들이 과학적으로 증명되지 않은 이론과 이단종교 그리고 동양의 여러 종교가 대량 유입되어 하나님의 가르침에서 벗어나거나 또는 그것과 전혀 무관한 방법들을 통해서도 그분께 나아갈 수 있다는 그릇된 개념에 빠져 있습니다.

하나님보다 '표적'을 구함

오늘날 많은 사람들 ―심지어는 기독교인들까지도― 사이에 침투해 있는 습관들 가운데 하나는 심리적인 현상이나 '12궁(宮)의 비밀'을 통해 '표적을 추구'하는 것입니다. 안타까운 것은 마귀가 많은 사람들에게 이러한 것들이 무해(無害)하고 재미있으면서도 하나님과 우리 사이의 관계를 악화시키지 않으며, 실제 기독교의 교리와 일치한다고 미혹하는데 성공하고 있다는 사실입니다. 마귀는 우리 가운데 하나님이 아닌 다른 요소를 통해 흔히 말하는 진리를 찾는 사람이 많을수록, 우리가 하나님에게서 멀리 떠나고 흑암의 세계와 거짓된 습관에 더욱 깊이 빠져든다는 사실을 누구보다도 잘 알고 있습니다. 그러나 이러한 습관들은 우리의 영혼을 위험에 빠뜨리고 하나님의 진노를 일으킬 뿐입니다.

우리는 다른 표적을 구하므로 창조주 하나님과의 참다운 관계를 깨뜨려서는 안됩니다. 바리새인들이 예수님께서 어떤 분이신지를 확인하기 위해 표적을 구했을 때, 그분께서는 즉각 이렇게 답변하셨습니다. "예수께서 대답하여 이르시되 악하고 음란한 세대가 표적을 구하나 선지자 요나의 표적 밖에는 보일 표적이 없느니라."(마 12:39) 바리새인들은 하나님을 찾는 것보다 표적을 구하는 데 더 많은 관심이 있었습니다. 자기도취에 빠져 있던 그들은 하나님께서 자기들의 그러한 잘못된 행동에 동조해 주시길 원했습니다.

표적을 구하는 행위 가운데 하나는 자신의 별자리를 통해 운세를 보는 것입니다.

'점성'을 나타내는 영어 단어인 horoscope는 '시간'을 의미하는 헬라어 호라(hora)와 '쳐다본다'라는 뜻의 헬라어 스코포스(skopos) ─따라서 사람의 출생 시간과 관련이 있는─ 에서 유래했습니다.[2] 점성술은 점성학과 천체에 대한 해석을 기초로 개인의 미래를 예언하는 것입니다. 점성술을 믿는 자들에 의하면 개인의 각자 행동과 운명은 12궁(宮)에 의해 결정된다는 것입니다.

블루머 감독이 점성술의 비신앙적인 요소에 대해 말한 후 미국 전역에서 12궁도와 타로 카드(tarot card)를 읽고 점쟁이를 찾아갔다거나, 혹은 악마를 숭배하는 것과 같은 행동을 한 적이 있음을 밝히는 사람들의 편지가 쇄도했습니다. 그런데 그들 가운데는 오랫동안 하나님을 찾았지만, 그분으로부터 올바른 답변을 받지 못했다고 생각한 기독교인이 많았습니다. 자기들의 기도가 아무런 효력이 없다고 결론 내린 그들은

---

[2] Online Etymology Dictionary,
http://www.etymonline.com/ index.php?serach=horoscope(accessed May 6,2008).

다른 방법을 통해 '하나님을 찾기로' 한 것입니다. 그들은 자기들의 그러한 행위가 악한 것이라는 사실을 영적으로 적게나마 느꼈음에도 자기들의 삶 가운데 찾아온 도전과 시련들에 대한 빠른 해결책을 찾으려는 절박감 때문에 그것을 무시한 것입니다.

> 우리의 미래는 하나님의 손에 달려있으며, 우리가 그리스도를 의지할 때 아무것도 우리를 하나님의 사랑에서 끊을 수 없습니다.

그들 중에는 자기가 원하는 때에 하나님으로부터 응답을 받지 못하거나, 응답을 받되 자기가 원하는 응답을 받지 못하면, 영적인 것을 완전히 무시하고 다른 '신'을 찾는 자들이 있습니다. 이러한 것은 사람들로 하여금 사탄의 덫에 빠져 마침내는 그것에서 벗어나지 못하게 합니다.

가증스런 행위

유일하신 참 하나님께 진실하게 기도하는 것을 대신할 수 있는 것은 아무것도 없습니다. 오늘날 많은 무당들조차도 하나님의 이름을 사용하지만, 하나님의 말씀은 그런 자들을 향해 매우 분명하게 경고하고 있습니다.

> 그의 아들이나 딸을 불 가운데로 지나게 하는 자나 점쟁이나 길흉

을 말하는 자나 요술하는 자나 무당이나 진언자나 신접자나 박수나 초혼자를 너희 가운데에 용납하지 말라 이런 일을 행하는 모든 자를 여호와께서 가증히 여기시나니 이런 가증한 일로 말미암아 네 하나님 여호와께서 그들을 네 앞에서 쫓아내시느니라

(신 18:10-12)

사탄 숭배 의식

나는 지금부터 하나님께서 우리가 해서는 안될 것으로 금하신 몇 가지의 행위에 대해 살펴보고자 합니다. 먼저, 우리는 아들이나 딸을 사탄이나 그 밖의 다른 거짓 신에게 제물로 바치는 가증스러운 행동을 해서는 안됩니다. 거의 모든 기독교인들이 자기는 그처럼 끔찍한 행동과 무관하다고 항변하겠지만, 하나님께서는 우리에게 귀신이나 악령을 불러내는 것과 같은 일체의 비정상적이거나 사탄을 숭배하는 행위를 금하십니다. 여러분은 자기들의 하는 것이 하나님과는 전혀 무관한 것임에도 자신이 하나님의 이름으로 그것을 행한다고 주장하는 자들을 종종 만날 것입니다. 하지만, 그들의 속임수에 넘어가지 않기를 바랍니다.

예언

두 번째로, 예언은 징조(徵兆)를 해석하므로 장차 일어날 사건들을 푸는 행위입니다. 우리는 현재 자신의 환경에 대한

두려움이나 장래에 있을 것들에 대한 불안으로 예언을 의지하는 행동을 하지 않도록 주의해야 합니다. 다시 말하지만, 바리새인들은 하나님을 찾는 대신 표적을 구했습니다. 주님께서 그들을 책망하신 이유가 바로 여기에 있습니다. 우리에게 지혜와 명철을 주시는 전지(全知)하신 하나님을 섬기는 우리가 징조에 대한 해석을 통해 해답을 찾아야 하는 이유가 무엇일까요? 비신앙적인 방법을 통해 미래에 대한 지식을 구하는 것은 하나님과의 영적인 관계만을 위태롭게 할 뿐입니다. 우리의 미래는 하나님의 손에 달렸으며, 우리가 그리스도를 의지할 때, 아무것도 우리를 하나님의 임재와 사랑에서 끊을 수 없습니다.

> 영원하신 하나님이 네 처소가 되시니 그의 영원하신 팔이 네 아래에 있도다 (신 33:27)

> 누가 우리를 그리스도의 사랑에서 끊으리요 환난이나 곤고나 박해나 기근이나 적신이나 위험이나 칼이랴 기록된 바 우리가 종일 주를 위하여 죽임을 당하게 되며 도살 당할 양 같이 여김을 받았나이다 함과 같으니라 그러나 이 모든 일에 우리를 사랑하시는 이로 말미암아 우리가 넉넉히 이기느니라 내가 확신하노니 사망이나 생명이나 천사들이나 권세자들이나 현재 일이나 장래 일이나 능력이나 높음이나 깊음이나 다른 어떤 피조물이라도 우리를 우

> 리 주 그리스도 예수 안에 있는 하나님의 사랑에서 끊을 수 없으
> 리라 (롬 8:35-39)

하나님께서 우리에게 말씀하시지 않을 때는 그것이 우리를 위해 유익하거나 응답받을 때가 되지 않았기 때문이라는 사실을 알아야 합니다. 우리가 할 일은 그리스도의 이름 안에서 그분을 계속 믿고 섬기는 것입니다. 그러므로 예수님께서는 당신의 제자들에게 이렇게 말씀하셨습니다.

> 이르시되 때와 시기는 아버지께서 자기의 권한에 두셨으니 너희
> 가 알 바 아니요 오직 성령이 너희에게 임하시면 너희가 권능을
> 받고 예루살렘과 온 유대와 사마리아와 땅 끝까지 이르러 내 증인
> 이 되리라 하시니라 (행 1:7-8)

주술

주술사(呪術師)는 어떤 것에 영향을 주고자 마법을 걸어 주술을 행하는 사람입니다. 하나님의 뜻과 때가 임할 때까지 기다리기를 원하지 않는 사람은 문제를 자기 스스로 해결하려 합니다. 그들은 하나님의 통치에 순종하기보다 자기가 직접 주관하길 원하며, 따라서 자신의 뜻대로 행하다 종종 잘못된 방법에 빠집니다. 선지자 사무엘은 사울이 하나님께 불순종했을 때 다음과 같이 말했습니다.

> 순종이 제사보다 낫고… 이는 거역하는 것은 점치는 죄와 같고 완고한 것은 사신 우상에게 절하는 죄와 같음이라 (삼상 15:22-23)

성경은 우리에게 자신의 뜻을 좇는 것과 하나님께 대한 불순종은 주술을 행하는 것과 똑같은 것으로 그것에 대해 회개할 것을 경고하고 있습니다. 우리는 점치는 행위를 멀리해야 합니다. 블루머 감독은 「교인들 사이에 행해지는 점술(Witchcraft in the Pews)」이란 자신의 책에서 점치는 것에 대해 다음과 같이 말하고 있습니다.

> 많은 사람들이 점치는 것에 대해 무해(無害)한 자연숭배에 지나지 않는 것이라고 생각하고 있다. 그들은 기독교와 점치는 행위가 모두 보다 강한 능력자를 섬기는 것으로, 2가지 사이에는 커다란 차이가 없다고 주장한다. 하지만 이러한 견해에 대해 나는 강하게 반대하지 않을 수가 없다. 우리 기독교인들은 자기가 섬기는 능력의 근원자가 어떤 분이시라는 것을 분명히 알아야 한다.[3]

하나님의 말씀인 성경은 신자는 물론 하나님과의 진정한 교제를 추구하는 불신자들에게도 삶의 방향을 제시해 줍니

---

[3] George G. Bloomer, Witchcraft in the Pews (New Kensington, PA: Whitaker House, 2008), 17.

다. 우리는 사람들이 '선하거나', '경건하다'라고 주장하는 것을 하나님의 말씀에 기초해서 평가해야 합니다. 사람들은 잘못된 영의 지배를 받고 있으면서도 옳은 말을 하는 것처럼 보일 수가 있습니다. 예를 들어, 다음의 이야기는 사도 바울과 다른 믿는 자들이 빌립보에서 사역할 때 일어난 사건입니다.

> 우리가 기도하는 곳에 가다가 점치는 귀신 들린 여종 하나를 만나니 점으로 그 주인들에게 큰 이익을 주는 자라 그가 바울과 우리를 따라와 소리 질러 이르되 이 사람들은 지극히 높은 하나님의 종으로서 구원의 길을 너희에게 전하는 자라 하며 이같이 여러 날을 하는지라 (행 16:16-18)

여종의 말이 비록 사실이라 할지라도, 그녀가 잘못된 영과 목적에 의해 그렇게 하고 있다는 사실을 인식한 바울은 그것을 매우 못마땅하게 여겼습니다. 따라서 바울은 더는 참지 못하고, 몸을 돌이켜 그녀를 지배하는 악한 영을 다음과 같이 꾸짖었습니다.

> 예수 그리스도의 이름으로 내가 네게 명하노니 그에게서 나오라 하니 귀신이 즉시 나오니라 (행 16:18)

우리가 하나님께서 금하신 것들을 가까이할 때 거기에는 많은 위험한 요소가 따릅니다. 하나님께서는 이스라엘 백성을 위해 여리고 성을 함락시키실 때, 그들에게 다음과 같이 경고하셨습니다.

> 너희는 온전히 바치고 그 바친 것 중에서 어떤 것이든지 취하여 너희가 이스라엘 진영으로 바치는 것이 되게 하여 고통을 당하게 되지 아니하도록 오직 너희는 그 바친 물건에 손대지 말라 (수 6:18)

여러분이 하나님과 언약을 맺은 다음 그분께서 금하신 것이나 습관을 취할 때, 그것은 여러분 자신의 삶에만 영향을 미칠 뿐 아니라, 주위 사람들의 삶에도 해로운 결과를 가져다줍니다. 이스라엘 백성인 아간은 자기들의 진(陣) 안에 '저주받은 물건'을 숨기고 하나님의 경고를 받아들이지 않으므로 "여호와께서 이스라엘 자손들에게 진노하시니라"(수 7:1)라고 했습니다. 그 결과 그들은 아이성 전투에서 대패(大敗)하여 탈주(脫走)해야 했습니다.

기도 응답을 받지 못하는 이유가 반드시 죄와 불법에 원인이 있는 것은 아니지만, 죄와 불순종이 하나님의 분노를 일으키며 삶 가운데 계속되는 싸움의 승리에 장애가 되는 것만은

> 우리는 사람들이 "선하다"고 주장하는 것을 하나님의 말씀에 기초하여 평가해야 합니다.

사실입니다. 자신의 필요한 것을 위해 다른 방법을 찾는 것이 아무리 우리를 유혹할지라도, 하나님만이 문제 해결의 근원이 되시며, 우리에게 필요한 것들을 주실 수 있다는 사실을 아는 우리는 그분만을 의지해야 합니다. 그러므로 하나님께서는 우리를 향해, "나 밖에 다른 이가 없는 줄을 알게 하리라 나는 여호와라 다른 이가 없느니라"(사 45:6)라고 말씀하고 계십니다.

하나님께서는 여러분의 모든 필요한 것과 염려 ―질병이나 가정의 위기, 파괴된 결혼 생활, 경제 및 직장 생활 등에 대한 인도 등― 에 대해 해결책을 주십니다. 하나님께서는 우리가 가진 문제들에 대한 답변이 되십니다. 하나님 외의 다른 신이 결코 있을 수 없습니다. 물질을 통해 하나님의 임재를 구하는 것과 같은 비신앙적인 행위나 하나님의 명령에 불순종하는 악령과의 신 내림을 통해서는 우리가 성령께서 '역사하시게' 할 수 없습니다.

마술사인 시몬은 그릇된 방법을 통해 하나님의 능력을 돈으로 사거나 매수하는 것이 불가능하다는 사실을 깨달았습니다.

> 시몬이 사도들의 안수로 성령 받는 것을 보고 돈을 드려 이르되 이 권능을 내게도 주어 누구든지 내가 안수하는 사람은 성령을 받게 하여 주소서 하니 베드로가 이르되 네가 하나님의 선물을 돈

> 주고 살 줄로 생각하였으니 네 은과 네가 함께 망할지어다 하나님 앞에서 네 마음이 바르지 못하니 이 도에는 네가 관계도 없고 분깃 될 것도 없느니라 그러므로 너의 이 악함을 회개하고 주께 기도하라 혹 마음에 품은 것을 사하여 주시리라 내가 보니 너는 악독이 가득하며 불의에 매인 바 되었도다 (행 8:18-23)

시몬은 사람들에게 그들의 장래 일어날 일을 예언해 주고 돈 받는 것에 익숙한 사람이었지만, 자신의 능력(시몬의 마술을 행하는 심부름꾼 마귀)이 하나님의 순결한 영의 능력에 비교할 때 아무것도 아니라는 사실을 곧 깨달았습니다.

사람들이 점성도(占星圖)를 읽거나, 무당이나 점쟁이를 찾아가 예언을 듣는 행위의 배후에는 분명히 그릇된 영이 역사하고 있습니다. 많은 사람이 이러한 것들에 빠져드는 이유는 그것들이 삶 가운데 자기를 괴롭히는 어려운 문제들을 신속히 해결해 주리라고 믿기 때문입니다. 사탄은 사람들을 기만하기 위해 자신의 독약이 든 그릇을 거짓된 진리로 포장해서 접근합니다.

> 하나님께서만이 문제 해결의 근원이 되시며, 우리가 필요로 하는 것들을 주실 수 있다는 사실을 깨달아 그분을 의지해야 합니다.

오늘날 심령술이 그렇게도 만연하며 횡행(橫行)하는 것은 하나님의 진리를 가장한 악한 영들의 예언을 통해 위안을 받으려는 자들이 그만큼 많기 때문입니다. 사탄은 우리를 유인한 후에는 다음 단계로 우리에게 하나님의 인도보다 자신의 말을 의지하게 하는 작업을 펼칩니다. 사탄이 밤낮 40일을 금식하신 예수님께 시도한 것이 이러한 방법입니다. 사탄은 예수님께서 아버지의 말씀을 듣고 그분을 경배하는 대신 자기에게 그렇게 하기를 원했습니다(마 4:1-11). 마귀는 오만하며 그럴듯한 술책을 써 사람들에게 자신에 대한 경배를 요구하지만, 그의 목적은 언제나 같습니다. 그것은 에덴동산에서 하와에게 한 것처럼 우리로 자기의 말을 듣게 하는 것입니다(창 3:1-19).

거짓된 요소를 의지하는 것이 가져다주는 결과

지금부터는 문제 해결을 위한 도움과 인도를 받기 위해 주술적이거나 사탄에 속하는 방법을 의지할 때 나타나는 위험성에 대해 간단히 고찰하고자 합니다.

기만당함

첫째, 주술적이거나 사탄에 속하는 방법을 의지할 때 마침내는 기만을 당하게 됩니다. 무당을 찾거나 점성도를 읽는 것은 장래의 일을 예측하는 데 전혀 도움이 되지 않습니다. 그러한 것들은 미래에 대해 알고자 하는 사람들을 영적으로 속이는 것에 지나지 않습니다. 그러나 여러분이 하나님으로부터 받는 것은 언제나 정확하다는 사실을 알기 바랍니다. "하나님은 사람이 아니시니 거짓말을 하지 않으시고"(민 23:19). 예수님께서는 당신의 제자들과 그들의 증거를 통해 장차 당신을 믿게 될 모든 자들을 위해 아버지께 기도하셨습니다.

> 그들을 진리로 거룩하게 하옵소서 아버지의 말씀은 진리니이다
> (요 17:17)

강박증에 사로잡힘

두 번째의 위험은 강박적(强迫的)인 삶을 살게 되는 것입니다. 여러분은 자신의 삶에 대한 예언을 들은 사람들 가운데 종종 강박증에 사로잡히는 자들을 보았을 것입니다.

나는 한 젊은 자매가 매일 아침 잠자리에서 일어나면 하나님께 기도하기 전에 신문에 있는 그날의 운세를 보고는 그날 하루를 그것에 의지해 산다고 실토하는 것을 들은 적이 있습니다. 만약에 그것에, "직장 동료를 조심하라."라는 것과 같은 경고가 있을 때는 행여 누군가가 자기를 화나게 하지 않을까 하는 불안한 마음으로 출근했다고 합니다. 그녀는 자신의 삶에 대해 하나님의 도움은 거의 찾지 않을 만큼 그날의 운세를 보는 것에 집착되어 있었던 것입니다.

강박증은 하나님께서 우리에게 주시는 평강과는 정반대가

됩니다.

> 주께서 심지가 견고한 자를 평강하고 평강하도록 지키시리니 이는 그가 주를 신뢰함이니이다 너희는 여호와를 영원히 신뢰하라 주 여호와는 영원한 반석이심이로다 (사 26:3-4)

'평강에 평강'이란 여러분의 삶에 고통이나 시련이 없게 되리라는 것을 나타내는 말이 아닙니다. 그보다는 자신의 힘을 믿지 않고 하나님의 능력을 의지하는 여러분은 삶 가운데 어떠한 일이 일어날지라도 평안과 억압으로부터 자유로운 마음을 유지하게 된다는 것을 의미합니다. 그것은 우리가 자신의 힘이 아닌 하나님의 능력을 의지하기 때문입니다. 따라서 여러분은 시련을 당할 때, 다른 사람에게 화를 내거나 여러분의 문제와 연루된 사람을 공격하지 않습니다. 그보다는 하나님에게서 문제의 해결책을 찾습니다.

악한 영에 미혹됨

세 번째는, 여러분이 자신의 삶에 대한 인도를 위해 주술적인 것을 가까이하거나 신비적인 방법을 의지할 경우, 아주 쉽게 악령의 세계에 깊이 빠져들 수 있습니다. 그것은 여러분이 하나님께 대한 믿음을 여러분 자신과 여러분의 삶을 지배하기 원하는 사탄의 세력에 양도했기 때문입니다. 따라서 여러분은 자칫 사탄의 거짓된 수단에 더욱 깊이 빠져들므로 기만(欺瞞)을 당하고, 하나님과의 관계가 단절될 수 있습니다. 여러분은 지금 자신이 모르는 가운데 하나님 안에서의 모든 참된 것들을 헛되게 하고, 여러분을 파멸시키기 원하는 악한 영의 지배를 받고 있는지 모릅니다. "근신하라 깨어라 너희 대적 마귀가 우는 사자 같이 두루 다니며 삼킬 자를 찾나니" (벧전 5:8) 그렇다면 여러분은 하나님과 여러분 사이의 관계와 자신의 구원을 위태롭게 하는 것입니다!

> 시련을 당할 때는 하나님에게서 문제의 해결책을 찾아야 합니다.

하나님의 영이 떠남과 분노를 경험하게 됨

마지막으로, 여러분이 악한 피조물을 의지할 때, 여러분과 하나님 사이에는 그분의 거룩하신 임재(臨在)를 가로막는 장벽이 생깁니다. 하나님은 여전히 여러분을 사랑하시지만, 여러분은 그분과의 사이에 교제가 단절되며, 실제 그분의 적대 세력과 하나가 되는 것입니다. 미신적이며 사탄에 속하는 습관을 행할 때 마침내는 여러분에게 하나님의 진노가 초래되며, 그것은 여러분의 후손에게까지 영향을 미칠 수 있습니다. 여러분은 자신과 여러분의 후손에게서 하나님의 장래 축복을 빼앗는 행위를 어떤 것이든 해서는 안됩니다.

> 나 외에는 다른 신들을 네게 두지 말지니라…그것들에게 절하지 말며 그것들을 섬기지 말라 나 네 하나님 여호와는 질투하는 하나님인즉 나를 미워하는 자의 죄를 갚되 아버지로부터 아들에게로 삼사 대까지 이르게 하거니와 나를 사랑하고 내 계명을 지키는 자에게는 천 대까지 은혜를 베푸느니라 (신 5:7, 9-10)

인간이나 악한 영의 생각을 의지하기 보다는 하나님을 의지하기 바랍니다. 시편 기자는 이렇게 말하고 있습니다.

> 하늘에서는 주 외에 누가 내게 있으리요 땅에서는 주 밖에 내가 사모할 이 없나이다 내 육체와 마음은 쇠약하나 하나님은 내 마음의 반석이시요 영원한 분깃이시라 무릇 주를 멀리하는 자는 망하리니 음녀 같이 주를 떠난 자를 주께서 다 멸하셨나이다 하나님께 가까이 함이 내게 복이라 내가 주 여호와를 나의 피난처로 삼아 주의 모든 행적을 전파하리이다 (시 73:25-28)

Chapter 4

아버지와 대화하기

　기도에 대한 혼란을 물리치는 가장 좋은 방법들 가운데 하나는 하나님과 함께 하는 시간을 가짐으로 그분의 음성을 분별하는 법을 배우는 것입니다. 오래전 나는 하나님을 믿는 믿음이 약했을 때, 그분으로부터의 응답을 원한 적이 있었습니다. 따라서 나는 아이들을 학교에 보내고 성경을 읽고 기도하는 시간을 가졌습니다. 나는 영어로 기도하고, 하나님께 영적인 예배를 드렸습니다. 나는 그때 얼굴을 바닥에 대고 엎드려 기도한 것을 지금도 생생히 기억하고 있습니다. 그러한 습관은 오늘날까지 계속되고 있습니다. 나는 몇 시간이 지났지만, 자신이 얼마나 오랫동안 기도했는지조차 모를 만큼 성령에 사로잡혀 주님과 대화하며 교제하는 시간을 가졌습니다.

나는 하루 동안 설거지와 세탁을 하고, 청소와 그 밖의 다른 모든 집안일들을 하면서도 하나님에 대한 생각을 잠시도 잊지 않았습니다. 나는 그때 생각했던 것을 지금도 기억합니다. 주님, 제가 지금 제대로 하고 있는 것인가요? 그리고는 스스로 이렇게 대답했습니다. "그렇지, 만약에 하나님께서 나와 대화하고 이야기할 것을 명령하셨다면, 이렇게 하는 것은 지극히 정상적이지." 성경은 우리를 향해, "항상 기뻐하라 쉬지 말고 기도하라 범사에 감사하라 이것이 그리스도 예수 안에서 너희를 향하신 하나님의 뜻이니라"(살전 5:16-18)라고 말하고 있습니다(출 25:21-22, 마 6:5-7 참조). 우리는 하루 24시간을 계속 입으로 하나님께 기도할 수 없지만, 그분께 기도하거나 섬기는 것을 계속할 수 있으며, 모든 것에서 하나님을 인정하므로 그분과 항상 교제하는 것은 가능합니다. 따라서 우리는 하나님과의 사이에 대화가 항상 열려 있는 삶을 살아야 합니다.

> 하나님을 의지할 경우, 그분께서는 여러분이 인생의 불확실한 곳을 걸어갈 때 그것을 도와주십니다.

나는 일하면서 하나님과 계속 대화하는 것이 일과 가족을 균형 있게 돌볼 수 있는 매우 효과적인 방법이 된다는 사실을 깨달았습니다. 하나님께서는 또 내게 그러한 실천을 통해 당신을 나의 삶 가운데 가장 소중한 자리에 모셔야 한다는 것을 가르쳐 주셨습니다. 그분은 내가 문제의 해결책을 구할 수 있는 유일한 분이었습니다. 그분은 내가 위기에 처했을 때 찾아갈 수 있는 유일한 대상이었습니다. 그때마다 하나님은 나와 함께 계셨으며, 나는 하나님과 대화를 통해 그분을 의지하는 법을 배웠습니다.

물론 나는 여전히 종종 실패했지만, 그때마다 무릎 꿇고 기도하므로 아버지 하나님께 금방 다시 나갔습니다. 어떤 때는 차를 운전하고 갈 때도 하나님의 영이 내게 임해 나는 그 자리에서 차를 멈추고는 이렇게 기도하곤 했습니다. "하나님 아버지, 오늘 하루도 저를 보호하시고 저의 발걸음을 인도하옵소서."

우리는 모두 아버지의 인도가 매우 필요한 자들입니다. 세계 전역에 있는 모든 사람이 매일 아침 잠자리에서 일어날 때, 그날 자기에게 어떠한 일이 일어날지 알지 못합니다. 하루에 어떤 일이 일어날지 알 수 없는 우리는 하나님을 의지해야 합니다. 그분은 우리 아이와 어머니 그리고 여동생이 죽었을 때도 나와 함께 하셨습니다. 그분은 내가 인생의 풍랑을 만날 때마다 나의 손을 잡아 주셨습니다. 아버지는 내게 알 수 없는 강한 힘을 주셨으며, 나와 대화하고 교제하셨습니다.

우리가 인생의 역경과 장애에 직면할 때, 하나님의 손에서 떠나서는 안 되는 것은 그분만이 우리를 안전한 곳으로 인도하실 수 있는 유일한 분이시기 때문입니다. 여러분은 자신의 바로 앞에 놓인 것도 알 수 없지만, 하나님을 의지할 경우, 그분은 여러분이 인생의 불확실한 곳을 걸어갈 때 그것을 도와주십니다. 여러분이 감당할 수 없어 보이는 무거운 짐이 억누를 때도 그것을 포기해서는 안 되는 이유가 바로 여기에 있습니다. 그럴 때는 잠시 조용히 '멈추어' 하나님의 인도를 구하십시오.

하나님과의 대화를 이해함

태초부터 하나님은 인간과 교제하기를 원하셨습니다. 성경은 저녁 시간의 선선한 때 하나님께서 아담과 함께 거니셨다는 것을 말하고 있습니다. 아마 그때 그들은 특별한 교제를 했을 것입니다(창 3:8). 인간은 ① 영과 혼이 거하는 육적인 몸과 ② 혼(우리가 사유하고 판단하며 느끼는 수단인 마음과 의지와 정서의 총체인), 그리고 ③ 영으로 이루어져 있습니다.

하나님께서는 우리를 당신의 형상에 따라 창조하셨는바(창 1:26), "하나님은 영"(요 4:24)적인 분이십니다. 영은 여러분에게 있어 가장 핵심적인 요소로 그것은 여러분이 하늘에 계신 아버지와 직접 대화하는 수단이 됩니다. 그러나 우리가 하나님과의 영적인 교제를 위해서는 먼저 그리스도를 통해 거듭나므로 영혼이 새롭게 되어야 합니다.

> 누구든지 그리스도의 영이 없으면 그리스도의 사람이 아니라 또 그리스도께서 너희 안에 계시면 몸은 죄로 말미암아 죽은 것이나 영은 의로 말미암아 살아 있는 것이니라 (롬 8:9-10)

물론 우리가 영적으로 거듭나기 전에도 하나님께서 구원과 도움을 구하는 우리의 기도를 들으신다는 점에서 우리는 그분께 기도할 수 있습니다. 그러나 하나님께서 우리에게 원하시는 진정한 교제는 우리의 영혼이 새롭게 거듭남으로 우리 안에 그분의 영이 거하실 때만 가능합니다. 사도 바울은 다음과 같이 기술하고 있습니다.

> 예수를 죽은 자 가운데서 살리신 이의 영이 너희 안에 거하시면 그리스도 예수를 죽은 자 가운데서 살리신 이가 너희 안에 거하시는 그의 영으로 말미암아 너희 죽을 몸도 살리시리라…무릇 하나님의 영으로 인도함을 받는 사람은 곧 하나님의 아들이라 너희는 다시 무서워하는 종의 영을 받지 아니하고 양자의 영을 받았으므로 우리가 아빠 아버지라 부르짖느니라 성령이 친히 우리의 영과 더불어 우리가 하나님의 자녀인 것을 증언하시나니 (롬 8:11, 14-16)

바울은 또 이렇게 말했습니다.

> 그러면 어떻게 할까 내가 영으로 기도하고 또 마음으로 기도하며

> 내가 영으로 찬송하고 또 마음으로 찬송하리라 (고전 14:15)

나아가 성경은 우리에게 다음과 같이 명령하고 있습니다.

> 모든 기도와 간구를 하되 항상 성령 안에서 기도하고 이를 위하여 깨어 구하기를 항상 힘쓰며 여러 성도를 위하여 구하라 (엡 6:18)

하나님과의 대화를 방해하는 것들

우리는 하나님과의 대화가 매우 중요하다는 점에서 우리의 지속적인 기도생활의 발전에 방해되는 요인들을 깨달아 그것들을 제거해야 합니다.

물리적 방해

우리는 하나님과의 대화를 위해 조용한 장소를 물색해야 하지만, 그렇다고 해서 조용하지 않은 것이 그분과의 교제에 장애 요인이 되도록 용인(容忍)해서는 안됩니다. 기도는 언제, 어떠한 상황에서도 할 수 있습니다. 여러분이 큰 소리로 하나님께 말할 수 없을 때는 조용히 말해도 똑같은 효과가 있습니다. 조깅을 하거나, 책상에 앉아 책을 읽거나, 병원에서 대기하고 있거나, 비행기 안에서 그리고 심지어는 푸른 잔디

위에서 골프를 칠 때도 여러분이 하나님께 기도하는 데 전혀 장애가 되지 않습니다.

하나님께서 우리에게 원하시는 것은 우리의 시간과 노력임에도, 우리는 전통적인 고정관념에 사로잡힌 나머지 하나님과의 교제에 방해를 받는 경우가 많습니다. 예를 들면, 우리는 반드시 교회에 가서만 기도할 수 있는 것이 아닙니다. 여러분이 서서 하나님께 말하든 앉아서 하든, 그것은 전혀 문제가 되지 않습니다. 촛불을 켜놓고 기도하든, 한적한 골방에서 혼자 기도하든 아무 상관이 없습니다. 중요한 것은 여러분이 아무리 바빠도 하나님을 무시하는 삶을 살아서는 안된다는 것입니다. 여러분은 하나님과의 사이에 어떤 것 혹은 누구에 의해서도 방해를 받아서는 안됩니다. 그것은 하나님만 우리 삶의 지혜가 되기 때문입니다.

> 여러분이 큰 소리로 하나님께 말할 수 없을 때는 조용히 말해도 똑같은 효과가 있습니다.

> 여호와를 경외함이 지혜의 근본이라 그의 계명을 지키는 자는 다 훌륭한 지각을 가진 자이니 여호와를 찬양함이 영원히 계속되리로다 (시 111:10)

> 지혜의 그늘 아래에 있음은 돈의 그늘 아래에 있음과 같으나, 지혜에 관한 지식이 더 유익함은 지혜가 그 지혜 있는 자를 살리기

때문이니라(전 7:12)

네 시대에 평안함이 있으며 구원과 지혜와 지식이 풍성할 것이니 여호와를 경외함이 네 보배니라(사 33:6)

우리는 항상 하나님의 임재를 깨닫고, 그분께서 우리와 대화하기 원하신다는 사실을 인식해야 합니다. 예수님께서 언제 다시 오실지 그날과 때를 알지 못하며(마 25:13), 자신이 언제 죽어 하나님 앞에 가게 될지 알지 못하는 우리는 그분과 대화하는 것을 결코 지체해서는 안됩니다.

사탄의 방해

두 번째로, 우리는 사탄의 방해 때문에 기도 응답에 장애가 초래될 수 있다는 사실을 알아야 합니다. 마귀는 아버지와 우리 사이의 대화가 갖는 중요한 의미와 능력에 대해 누구보다도 잘 알고 있습니다. 마귀는 우리가 기도시간을 갖지 못하도록 하기 위해 어떻게든 우리를 굉장히 바쁘게 하거나, 개인적인 어려움에 빠지게 하려 합니다. 마귀는 가능한 모든 방법을 동원해 여러분으로 하여금 하나님 외의 다른 것들에 마음을 빼앗기게 하려 합니다. 여러분이 막 기도하려 하면 종종 전화벨이 울리고 누군가가 찾아와 문을 노크하거나 또는 몇 달 동안 미뤄놓았지만 '지금 당장' 해야 할 일이 생각나는 것

등은 바로 이러한 사실을 설명해 줍니다.

마귀는 여러분의 초점을 분산시키고, 여러분으로 하여금 세상의 염려에 마음을 빼앗고자 삶 가운데 혼란을 일으키며, 그것을 엉망이 되게 합니다. 마귀는 어떻게든 여러분으로 하여금 기도에 전념하지 못하며, 하나님께 신실하고 순종하지 못하게 하려 합니다.

나는 여러분이 기도할 때 전화를 하거나 여러분을 만나기 위해 찾아오는 사랑하는 친척과 친구들이 '마귀' 가 아니라는 사실을 알기 바랍니다. 그리고 여러분이

> 자신을 하나님으로부터 분산시키는 것을 용납하지 않으므로 그분을 가장 우선 순위에 놓으십시오.

집중해서 기도하는데 방해가 되는 일 역시 '마귀' 가 아닙니다. 그것은 사탄이 여러분의 삶 가운데 사람과 그 밖의 여러 가지를 여러분이 하나님의 보좌에 나가는 것을 방해하기 위한 도구로 사용하는 것입니다. 마귀는 여러분의 관심을 끌기 위해서는 여러분과 가까운 사람이나 여러분이 좋아하는 것을 이용해야만 한다는 사실을 잘 알고 있습니다. 그것을 위해 마귀는 여러분과 가까운 사람의 귀에다 대고, "자 빨리! 지금 당장 전화해." 하고 속삭입니다. 이것은 내가 여러분에게 친구를 멀리 하거나 책임을 회피하라는 말이 결코 아닙니다. 그보다는 여러분이 균형 잡힌 삶을 위해 노력하고, 자신을 하나님으로부터 분산시키는 것들을 용납하지 않으므로 그분을

Chapter 4 아버지와 대화하기

가장 우선순위에 놓아야 한다는 것을 강조하는 말입니다. 나는 여러분이 하나님과 단둘이 보내는 시간이 필요하다는 사실을 깨닫기를 바랍니다.

하나님과 더 긴밀한 교제를 위해 때로는 전화선을 빼놓거나 방문에 "방해를 금해주세요."란 문구를 써서 붙이는 것도 하나의 방법이 될 수 있습니다. 하나님과 깊고 의미 있는 시간을 갖기 위해 힘쓰기 바랍니다. 사람들이 문이 닫혀 있으면 여러분이 기도하고 있다는 사실을 알아 방해하지 않도록 집 안에 별도의 기도실을 마련하는 것도 하나의 좋은 방법이 될 수 있습니다. 기도가 필요한 가족이나 다른 사람들과의 간접적인 접촉을 위한 방법으로 기도할 때 그들의 사진을 앞에 놓고 기도하는 것은 하나의 좋은 방법이 될 것입니다. 기도하는 데 있어 거리가 문제가 되지 않는다는 점에서 여러분은 자신의 기도실에서도 그들의 기도 제목을 놓고 그것을 위해 하나님께 기도할 수 있습니다.

아버지와의 대화가 가져다주는 결과

우리가 아버지와 대화할 때 나타나는 결과에는 어떤 것들이 있을까요? 그때 우리는 그분과 ① 하나가 되고 일치가 되며, ② 성령의 능력을 받고, ③ 사람들에게 하나님의 빛을 밝히며, ④ 하나님의 인도를 받고, ⑤ 자신은 물론 다른 사람을 유익하게 하는 데 필요한 하나님의 음성을 분별하는 법을 배우게 됩니다.

하나님과 하나가 됨

예수님의 가장 두드러진 성품 가운데 하나는 그분께서 아버지와 하나가 되신다는 사실입니다.

> 나와 아버지는 하나이니라 하신대 (요 10:30)

> 예수께서 이르시되 빌립아 내가 이렇게 오래 너희와 함께 있으되 네가 나를 알지 못하느냐 나를 본 자는 아버지를 보았거늘 어찌하여 아버지를 보이라 하느냐 (요 14:9)

> 조금 있으면 세상은 다시 나를 보지 못할 것이로되 너희는 나를 보리니 이는 내가 살아 있고 너희도 살아 있겠음이라 그 날에는 내가 아버지 안에, 너희가 내 안에, 내가 너희 안에 있는 것을 너희가 알리라 (요 14:19-20)

예수님께서 말씀하신 것처럼, 그분을 통해 우리가 하나님과 하나가 되는 삶을 사는 것보다 더 놀라운 일이 없을 것입니다.

> 예수께서 대답하여 이르시되 사람이 나를 사랑하면 내 말을 지키리니 내 아버지께서 그를 사랑하실 것이요 우리가 그에게 가서 거처를 그와 함께 하리라 (요 14:23)

> 아버지여, 아버지께서 내 안에, 내가 아버지 안에 있는 것 같이 그들도 다 하나가 되어 우리 안에 있게 하사 세상으로 아버지께서 나를 보내신 것을 믿게 하옵소서 (요 17:21)

> 내가 아버지의 이름을 그들에게 알게 하였고 또 알게 하리니 이는 나를 사랑하신 사랑이 그들 안에 있고 나도 그들 안에 있게 하려 함이니이다 (요 17:26)

예수님과 아버지께서는 온전한 일치 가운데 행하실 만큼 서로 완전한 하나가 되셨습니다.

> 그러므로 예수께서 그들에게 이르시되 내가 진실로 진실로 너희에게 이르노니 아들이 아버지께서 하시는 일을 보지 않고는 아무 것도 스스로 할 수 없나니 아버지께서 행하시는 그것을 아들도 그와 같이 행하느니라 (요 5:19)

성경은 예수님께서 한적한 곳에 가 하나님께 기도하고 아버지의 뜻을 구하셨다는 것을 말하고 있습니다(마 14:23, 막

1:35, 눅 6:12, 9:28). 예수님은 아버지와 생각과 마음이 하나이셨습니다. 하나님께서 우리에게 원하시는 것이 바로 이러한 관계로 그분은 예수님의 생애와 죽음과 부활을 통해 그것을 위한 길을 마련해 놓으셨습니다.

> 또 주께서 이르시되 그 날 후에 내가 이스라엘 집과 맺을 언약은 이것이니 내 법을 그들의 생각에 두고 그들의 마음에 이것을 기록하리라 나는 그들에게 하나님이 되고 그들은 내게 백성이 되리라
> (히 8:10)

영적으로는 지금도 우리가 그리스도와 함께 '하늘나라'에 있습니다.

> 긍휼이 풍성하신 하나님이 우리를 사랑하신 그 큰 사랑을 인하여 허물로 죽은 우리를 그리스도와 함께 살리셨고 (너희는 은혜로 구원을 받은 것이라) 또 함께 일으키사 그리스도 예수 안에서 함께 하늘에 앉히시니 이는 그리스도 예수 안에서 우리에게 자비하심으로써 그 은혜의 지극히 풍성함을 오는 여러 세대에 나타내려 하심이라 (엡 2:4-7)

장차 우리는 얼굴을 마주하고 하나님을 볼 것이며(고전 13:12), 하나님께서는 우리들 가운데 거하실 것입니다.

> 내가 들으니 보좌에서 큰 음성이 나서 이르되 보라 하나님의 장막
> 이 사람들과 함께 있으매 하나님이 그들과 함께 계시리니 그들은
> 하나님의 백성이 되고 하나님은 친히 그들과 함께 계셔서 (계 21:3)

하나님은 지금도 우리와 긴밀한 관계를 유지하므로 당신의 생각과 길이 곧 우리의 생각과 길이 되기를 원하십니다(사 55:6-9). 여러분이 아버지와 하나가 되기를 추구할 때, 그분은 여러분을 환영하여 맞아들이시며, "어서 오너라, 앞으로의 인생길을 함께 걸어가자."하고 권하실 것입니다

여기에서 잠시 죄인이 구원받는 방법에 대해 고찰해보도록 합시다. 그들은 하나님께서 어떠한 분이시라는 것을 깨닫고, 자신의 죄를 회개하며 하나님께 구원과 도움을 구하며 예수님의 이름으로 그분께 나아갑니다. 여러분 역시 이와 비슷한 방법으로 하나님과의 관계를 지속시켜 나갑니다. 여러분은 하나님의 위대하심을 인정하며 그분께 나아갑니다. 여러분은 지금까지 자신이 범한 죄를 용서받을 때 하나님과 정결한 교제가 가능합니다. 그리고 하나님께 여러분이 필요로 하고, 원하는 것을 구할 수 있습니다.

영적 능력

능력을 받는 것은 아버지와의 교제를 통해서 오는 하나의 결과입니다. 나는 하나님 앞에 나의 죄를 자백하고, 모든 생

각을 쏟아놓을 때마다 내가 정결하고 새롭게 되는 것을 느낍니다. 기도에는 우리의 영과 생각과 정신과 육체를 새롭게 하는 능력이 있습니다. 느헤미야는 대적들이 자기를 괴롭혔을 때, "이제 내 손을 힘있게 하옵소서"(느 6:9)라고 기도했습니다. 예수님은 겟세마네 동산에서 아버지께 간절히 기도하신 후 천사를 통해 영적인 능력을 받으셨습니다.

> 그들을 떠나 돌 던질 만큼 가서 무릎을 꿇고 기도하여 이르시되 아버지여 만일 아버지의 뜻이거든 이 잔을 내게서 옮기시옵소서 그러나 내 원대로 마시옵고 아버지의 원대로 되기를 원하나이다 하시니 천사가 하늘로부터 예수께 나타나 힘을 더하더라
>
> (눅 22:41-43)

바울은 에베소 교회 성도들의 영적인 능력의 체험을 위해 기도했습니다.

> 그의 영광의 풍성함을 따라 그의 성령으로 말미암아 너희 속사람을 능력으로 강건하게 하시오며 믿음으로 말미암아 그리스도께서 너희 마음에 계시게 하시옵고 (엡 3:16-17)

기도는 우리를 하나님과 가깝고 하고, 영적으로 강하게 해 줍니다.

사람들에게 하나님의 빛을 밝힘

우리는 아버지와 교제할 때 그분의 빛과 긍휼을 세상에 더욱 잘 전할 수 있습니다. 하나님과의 대화 부족은 효과적인 기도생활의 발전에 장애가 되며, 비효과적인 기도생활은 우리의 영적생활을 무기력하게 해줍니다. 여러분은 하나님과 교제하고, 하나님의 영과 일치하는 삶을 살 때만 사람들에게 하나님을 나타낼 수 있습니다. 그러므로 예수님은, "이같이 너희 빛이 사람 앞에 비치게 하여 그들로 너희 착한 행실을 보고 하늘에 계신 너희 아버지께 영광을 돌리게 하라"(마 5:16)라고 말씀하셨습니다. 여러분이 하나님과 은밀하게 기도생활할 때, 그것은 사람들 앞에서 여러분의 삶을 통해 드러납니다.

> 너는 기도할 때에 네 골방에 들어가 문을 닫고 은밀한 중에 계신 네 아버지께 기도하라 은밀한 중에 보시는 네 아버지께서 갚으시리라 (마 6:6)

하나님의 인도하심을 받음

네 번째로, 여러분은 하나님과 교제하는 적극적인 기도생활을 할 때, 그분으로부터 인도를 받습니다. 기도는 하나님의 마음을 여는 열쇠가 됩니다. 여러분을 사랑하고 보살피시는 하나님은 기도를 통해 여러분에게 많은 것들을 계시해주십니다. 그분은 여러분에게 당신의 말씀과 나아가서는 환상을 통해서까지 보여주십니다. 나는 하나님과 대화하고 긴밀한 교제 시간을 가질 때, 그분의 말씀이 살아 역사하는 환상을 체험했습니다. 영화 내용을 궁금해하는 관객들에게 그것의 줄거리를 보여주듯, 나는 기도를 통해 하나님께서 사람들을 구원하시는 것을 보았습니다.

사람들 가운데는 삶에 대한 문제 해결을 하나님이 아닌 다른 것에서 찾는 일을 열심히 하는 자들이 매우 많습니다. 나는 만약에 우리가 하나님께 나아가 그분과 대화하며 다음과 같이 간단히 질문한다면, 우리가 가진 많은 문제가 근본적으로 해결될 것이라고 믿습니다. "주님, 당신께서는 이런 상황에서 제가 어떻게 하기를 원하십니까?"

하나님의 음성을 분별하게 됨

다섯 번째로, 아버지와의 교제는 우리가 그분의 음성을 분별하는 법을 배우는 것에 도움이 됩니다. 여러분이 하나님을 예배하고 그분께 염려와 도움을 표할 때, 그분의 음성을 듣는 것은 대단히 중요합니다. 그러기 위해서는 하나님께 여러분에게 말씀하실 수 있는 '기회'를 드려야 합니다. 예를 들면, 여러분이 친구와 전화나 대화를 하는데, 한 사람만 말을 한다면 정말 매우 답답할 것입니다. 진정한 대화를 위해서는 상호간에 말을 주고받는 것이 필요합니다. 그러한 원리는 하나님 아버지와의 관계에 있어서도 마찬가지입니다. 기도는 양방향의 대화입니다. 여러분은 자신이 더 많이 기도하고, 하나님의 말씀에 순종하기 위해 그분의 음성에 귀를 기울일수록 자신의 삶 가운데 많은 변화가 일어나기 시작하는 것을 보게 될 것입니다.

하나님은 당신의 정하신 때가 될 때 우리를 향해 말씀하십니다. 그러므로 우리는 하나님께 말씀해 주실 것을 요구하고는 갑자기 자신의 마음 가운데 생각나는 것이 그분께서 주신 것이라고 믿어서는 안됩니다. 우리가 하나님의 음성을 확인하기 위해서는 분별력이 필요합니다. 하나님의 음성을 분별하는 데는 다음과 같은 몇 가지의 유익한 방법이 있습니다.

- 하나님은 당신의 말씀과 일치하지 않는 것을 행할 것을 여러분에게 절대 말씀하시지 않습니다. 그분께서는 한번 말씀하신 것을 변경하시지 않습니다. 하나님의 말씀은 온전하며, 그것에는 어떠한 타협도 있을 수가 없습니다.
- 하나님의 말씀은 진실합니다. "하나님의 말씀은 다 순전하며 하나님은 그를 의지하는 자의 방패시니라 너는 그의 말씀에 더하지 말라 그가 너를 책망하시겠고 너는 거짓말하는 자가 될까 두려우니라" (잠 30:5-6)
- 우리가 하나님과 그분의 신실한 말씀을 의지할 때, 그분께서는 우리의 방패가 되어주십니다. 시편 91장 4절은 우리에

게, "그[하나님]의 진실함은 방패와 손 방패가" 되신다는 것을 주지시켜 주고 있습니다. 하나님의 말씀은 신실하기 때문에 우리는 그분의 말씀에 다른 것을 더하거나 또는 그것으로부터 제외해서는 안됩니다. 하나님의 말씀은 완전합니다. 그러므로 하나님의 말씀에 다른 것을 더하거나 그것에서 빼는 것은 말씀의 권위를 훼손시키고, 자신은 물론 다른 사람들에서 말씀의 능력을 빼앗는 행위입니다.

- 하나님은 말씀하실 때, 우리가 그것을 쉽게 알아들을 수 있도록 말씀하십니다. 그러므로 그분께서 침묵하실 때는 '기다리라'라는 것을 분명하게 의미하는 경우가 종종 있습니다.
- 하나님은 여러분에게 다른 사람의 영적 혹은 육적인 삶을 위협하는 행동을 하라고 절대 요구하시지 않습니다.
- 양심은 하나님께서 여러분에게 주신 선물입니다. 따라서 그것을 무시해서는 안됩니다.

여러분이 하나님과 교제하는 시간이 많을수록, 그분께서 말씀하시는 것을 분별하기가 쉬워집니다. 하나님은 지난 수년 동안에 걸쳐 내게 당신의 말씀에 즉각 순종하는 법을 훈련하셨습니다. 한 번은 내가 예배 시간에 지옥에 대해 설교하려고 하는데, 하나님께서 갑자기 내게 회중들 가운데 일부 교인들이 겪은 것에 대한 이야기를 들려주기 시작하셨습니다.

예를 들면, 주님은 "…한 것들을 기록하라."라고 말씀하셨습니다. 그러므로 나는 하나님께서 계시하신 대로 곧 나타나게 될 치료와 그분께서 회중들에게 주시고자 하는 다른 축복들을 메모했습니다. 설교하기 위해 자리에서 일어난 나는 회중들에게 하나님께서 내게 보여주신 것들을 전했습니다. 나는 다음과 같이 선포했습니다.

> 여러분이 하나님과 교제하는 시간이 많을수록, 그분께서 말씀하시는 것을 분별하는 것이 쉬워집니다.

"하나님은 내게 이 자리에 편두통 환자가 있다고 말씀하셨습니다. 그런데 그들 중에는 신경성이 원인인 자와 스트레스가 원인인 자들이 있다는 것을 말씀하셨습니다. 그들의 머리는 지금 마귀의 공격 때문에 영적 쇠약에 짓눌려 있습니다. 저는 여러분 가운데 편두통이 있는 사람들을 앞으로 나오도록 초청할 것입니다. 그것은 하나님께서 그들이 누가 됐든 이 시간에 치료해주길 원하시기 때문입니다."

사람들이 기도받기 위해 자리에서 일어나 강대상 앞으로 나왔습니다. 10명, 50명, 어떤 때는 100명씩 말입니다. 나는 그들에게, 편두통으로 고생한 지가 얼마나 되었는지를 물었습니다. "지금까지 평생을 이것 때문에 고생했습니다."라고 대답하는 사람이 있었는가 하면, "불과 몇 달", 나아가서는 "며칠밖에 되지 않았다."라고 말하는 사람 등 대답이 다양했습니다. 그들 중에는, "증상이 나타났다 사라졌다 합니다."라고 대답하는 사람도 있었습니다.

나는 눈을 감고 기도하기 시작했습니다. 어떤 때는 어둡고, 검은 띠가 그들의 머리 주위를 감는 모습이 보이면서 그것이 원수의 공격에 의한 것이니 "예수님의 이름으로 띠를 끊어라."라는 하나님의 음성이 들렸습니다.

그러면 나는, "예수님의 이름으로 내가 명하노니 띠가 풀어지고, 편두통이 이 사람에게서 떠날지어다!"라는 명령과 함께 그 사람을 위한 영적 싸움이 시작됐습니다. 그때 내게는 천사가 나타나 사탄의 성을 파괴하고 하늘로 사라지는 모습이 생생하게 보였습니다. 그런 다음 하나님은 내게 회복과 치료를 위해 기도할 것을 명하셨습니다. 그때 내게는 하나님의 말씀이 임하여 환자의 머리에 대고 축사(逐邪)하는 것이 보였습니다. 나는 하나님의 영광이 환자의 전신(全身)에 임한 것처럼 보였을 때, 하나님께서 치료하고 계시다는 것을 알 수 있었습니다.

> 우리가 하나님과 가까이 동행하며 그분의 음성에 귀를 기울일 때, 그분은 우리를 통해 우리의 삶 가운데 당신의 뜻을 이루십니다.

나는 계속해서 다음 사람을 위해 기도했는데, 이번에는 뼈 때문에 그의 신경과 척추에 압력이 가해지는 것이 보였습니다. 하나님은 내게 그 사람을 위해 어떻게 기도해야 할 것인지를 가르쳐 주셨습니다. 그리고 내가 순종했을 때, 그분은 당신의 이름으로 치료하시는 기적을 행하셨습니다. 상황은 제 각기 달랐지만, 나는 하나님을 향한 순종을 통해 여러분에게 전하고 싶은 대단히 중요한 교훈을 깨달았다는 점에서 그분을 찬양합니다. 그러므로 여러분은 하나님께서 주시는 모든 능력 가운데 하나님을 의지하고 성령의 인도 하심을 따라야 합니다.

하나님의 은사와 관련해 고린도전서는 그분의 병 고치는 능력이 여러 모양으로 나타난다는 것을 말하고 있습니다. 성경은 병 고치는 은사에 대해 복수로 표현하고 있다는 사실을 주목하기 바랍니다.

> 각 사람에게 성령을 나타내심은 유익하게 하려 하심이라 어떤 사람에게는 성령으로 말미암아 지혜의 말씀을, 어떤 사람에게는 같은 성령을 따라 지식의 말씀을, 다른 사람에게는 같은 성령으로 믿음을, 어떤 사람에게는 한 성령으로 병 고치는 은사를, 어떤 사람에게는 능력 행함을, 어떤 사람에게는 예언함을, 어떤 사람에게는 영들 분별함을, 다른 사람에게는 각종 방언 말함을, 어떤 사람에게는 방언들 통역함을 주시나니 이 모든 일은 같은 한 성령이 행하사 그의 뜻대로 각 사람에게 나누어 주시는 것이니라 (고전 12:7-11)

하나님이 다양한 방법을 통해 병을 치료하시는 것처럼, 사람도 여러 가지 은사에 따라 각자 다르게 쓰십니다.

> 은사는 여러 가지나 성령은 같고 직분은 여러 가지나 주는 같으며

> 또 사역은 여러 가지나 모든 것을 모든 사람 가운데서 이루시는 하나님은 같으니 (고전 12:4-6)

은사는 다르지만, 그것을 쓰시는 하나님은 같습니다. 이것은 은사를 가진 사람이 누구냐와 상관없이 그(혹은 그녀)가 하나님의 영에 순종한다면, 그(그녀)의 은사를 통해 하나님의 목적이 실현된다는 것을 말합니다. 은사가 나타나는 것은 우리의 의지로 되는 것이 아닙니다. 다만, 우리는 "주님, 당신의 뜻이 이루어지길 원하나이다."라고 기도만 해야 합니다.

하나님께서 많은 사람을 써서 당신의 과업을 행하시는 것은 '모든 사람을 유익하게' (고전 12:7) 하시기 위해서입니다. 전능하신 하나님은 우리의 이성과 능력을 초월해서 역사하시지만, 우리가 당신과 가까이 동행하며 그분의 음성에 귀를 기울일 때, 우리를 통해 우리의 삶 가운데 당신의 뜻을 이루십니다.

> 이는 내 생각이 너희의 생각과 다르며 내 길은 너희의 길과 다름이니라 여호와의 말씀이니라 이는 하늘이 땅보다 높음 같이 내 길은 너희의 길보다 높으며 내 생각은 너희의 생각보다 높음이니라
> (사 55:8-9)

하나님과의 교제에 익숙함

하나님은 우리가 당신과 교제하는데 익숙하기를 원하십니다. 하나님은 당신의 음성을 듣고, 그분의 명령에 순종하는 자들에게 주기를 원하시는 개봉되지 않은 계시와 지식이 굉장히 많습니다. 여러분은 어떤 아이디어를 생각해낸 다음 그것에 대해, '이런 것을 내가 어떻게 생각해냈지?' 하고 자신에게 질문하거나, 혹은 심한 위기 상황에 처한 사람에게 조언을 주고는 나중에, '정말 대단히 훌륭한 조언이었구나!' 하고 생각해 본 적이 있습니까? 우리가 알지 못하는 가운데서도 하나님은 우리를 이끄시고 인도하십니다. 그러나 우리가 믿음 안에서 행하고 그분을 의지할 때, 그것은 더욱 명백하게 나타납니다.

여러분은 많은 시간을 하나님과 교제할 때, 격려의 말을 통해 사람들을 더욱 잘 도와줄 수 있습니다.

> 하나님 앞과 살아 있는 자와 죽은 자를 심판하실 그리스도 예수 앞에서 그가 나타나실 것과 그의 나라를 두고 엄히 명하노니 너는 말씀을 전파하라 때를 얻든지 못 얻든지 항상 힘쓰라 범사에 오래 참음과 가르침으로 경책하며 경계하며 권하라 (딤후 4:1-2)

본 절은 우리가 하나님의 말씀을 통해 사람들의 필요한 것을 채워주기 위해서는 범사가 형통할 때뿐만 아니라, '어려울' 때도 자신을 준비시켜야 한다는 것을 상기시키고 있습니다. 여러분은 하나님께서 자신을 언제 다른 사람을 위한 축복의 도구로 사용하실지 알 수가 없습니다. 그러므로 여러분은 하나님께서 쓰실 수 있도록 항상 자신을 준비해야 합니다.

그런데 기도는 우리에게 하나님과 교제하고, 그분께 우리의 필요한 것들을 간구하며 다른 사람을 도울 기회를 줍니다. 지금까지 살펴본 것처럼, 하나님은 우리의 모든 기도를 받아 그것을 가리신 후 응답하시되, 당신의 때가 되면 그것을 땅 위에서 가시적인 방법을 통해 보여주십니다. 여러분은 이처럼 대단히 중요한 사실을 깨달을 때 "선을 행하되 낙심하지"(갈 6:9) 않을 것이며, 하나님과 지속적으로 교제할 것입니다. 그리고 다음과 같은 자세를 갖게 될 것입니다. 나는 기도를 통해 그것을 하나님 앞에 내려놓고 하나님의 음성을 들을 수 있도록 자신을 준비시킬 것이며, 그분께서 모든 것을 합력하여 선을 이루시리라는 것을 알고 확신합니다(롬 8:28).

Chapter 5

주님,
기도하는 것을 도와주소서!

하나님과 대화할 때 우리는 그분께서 우리가 당신께 어떻게 나아가기를 원하시고, 우리가 어떠한 방법으로 기도하기 원하시는지를 이해하게 됩니다. 성경의 세 절, 즉 구약의 한 절과 신약의 두 절은 우리가 이러한 것들을 이해하는데 도움을 줄 것입니다. 나는 많은 기독교인들이 잘 아는 역대하의 말씀과 함께 그것에 대한 연구를 시작하고자 합니다. 본 절은 하나님의 백성이 그분께 자기들의 기도를 들으시게 하기 위해서는 그분께 어떻게 나아가고, 어떠한 삶을 살아야 할 것인지에 대해 가르치고 있습니다.

하나님께서 들으시기 위해 필요한 조건

> 내 이름으로 일컫는 내 백성이 그들의 악한 길에서 떠나 스스로 낮추고 기도하여 내 얼굴을 찾으면 내가 하늘에서 듣고 그들의 죄를 사하고 그들의 땅을 고칠지라 (대하 7:14)

역대하 7장 14절은 하나님의 백성이 그분과의 올바른 관계를 유지하고, 그분으로부터 도움을 받기 위해서 필요한 4가지의 요구 조건을 제시하고 있습니다. 그것은 저들이 ① 스스로 겸손하고, ② 기도하며, ③ 하나님의 얼굴을 찾고, ④ 자기들의 악한 길에서 떠나는 것입니다.

스스로 겸손함

야고보서 4장 10절은 "주 앞에서 낮추라 그리하면 주께서 너희를 높이시리라"라고 말하고 있습니다. 겸손하지 않을 때, 우리는 하나님 앞에 머리를 숙이거나 그분께 도움을 구하지 않습니다. 오만은 우리로 하여금 힘과 능력에 있어 유한한 인간의 재주와 지식을 의지하게 합니다.

> 소년이라도 피곤하며 곤비하며 장정이라도 넘어지며 쓰러지되 오직 여호와를 앙망하는 자는 새 힘을 얻으리니 독수리가 날개치며 올라감 같을 것이요 달음박질하여도 곤비하지 아니하겠고 걸

어가도 피곤하지 아니하리로다 (사 40:30-31)

그와 반대로, 하나님의 능력은 무한합니다. 우리가 어떠한 장애에 직면한다 할지라도 '하나님으로서는 다 하실 수가' 있습니다(마 19:26). 이뿐만 아니라, 우리는 또 하나님께서 당신을 사랑하고 "그의 뜻대로 부르심을 입은 자들에게는 모든 것이 합력하여 선"(롬 8:28)을 이루게 하신다는 사실을 압니다.

우리는 '겸손'에 대해 자주 그것을 연약하고, 비굴하거나 부끄러운 행동과 동일시하는 과실을 범합니다. 그와 대조적으로, 겸손은 존경스러운 태도입니다. 겸손은 자신이 한 발짝 물러나 하나님의 주권을 존중하고, 그분께서 자기의 길을 인도하시도록 허락하므로 자신을 높이는 행위입니다. 여러분은 하나님께 자신을 인도하시도록 허락할 때, 그분께서 계시하시는 지식 —하나님을 예배하고, 그분의 음성을 들음으로써만 가능한— 을 받을 수 있습니다.

> 기도는 의심의 바람이 여러분의 믿음을 강타할 때도 여러분으로 하여금 흔들리지 않는 믿음 상태를 유지하게 합니다.

여호와를 경외하는 것은 지혜의 훈계라 겸손은 존귀의 길잡이니라 (잠 15:33)

여러분이 하나님으로부터 오는 지혜를 얻기 위해서는 먼저 그분의 음성에 귀를 기울여야 합니다. 그리고 하나님의 음성을 듣고 지혜를 받은 후에는, 그것을 실천해야 합니다. 그렇게 할 때 비로소 여러분은 존귀케 됩니다.

기도함

여러분이 겸손하므로 하나님께서 주시는 지식과 지혜를 받은 후에는 바른길에서 벗어나지 않기 위해 하나님께 능력과 인도를 구해야 합니다. 기도는 우리가 하나님으로부터 받은 사명의 성취를 간절히 원할 때, 그것을 위한 자신의 마음을 분산시키지 않기 위해 반드시 필요한 요소가 됩니다. 우리는 하나님께서 우리의 삶 가운데 행하시고자 하는 것을 말하는 순간, 하나님의 약속에 기초해 우리가 말한 것을 폄하(貶下)하는 마귀의 공격을 자주 경험합니다. 그런데 예수님은 그것이 결코 우연한 일치가 아니라는 것을 말씀하셨습니다.

> 뿌리는 자는 말씀을 뿌리는 것이라 말씀이 길 가에 뿌려졌다는 것은 이들을 가리킴이니 곧 말씀을 들었을 때에 사탄이 즉시 와서 그들에게 뿌려진 말씀을 빼앗는 것이요 (막 4:14-15)

여러분은 하나님의 뜻이나 그분으로부터 곧 임하게 될 복을 알리는 말을 할 때는, 즉각 여러분에게 불신앙을 조장하는 마귀의 공격이 있으리라는 것을 예상하기 바랍니다. 마귀는 여러분에게 자신이 한 말의 타당성에 대해 의구심(疑懼心)을 품게 할 뿐 아니라, 여러분의 말을 들은 모든 사람의 마음에 의심의 영을 불어넣고자 합니다. 기도는 사탄으로부터 오는 의심과 불신의 바람이 여러분의 믿음을 강타할 때도 여러분으로 하여금 깊고 견고하며 흔들리지 않는 믿음 상태를 유지하게 합니다. 나는 여러분이 항상 다음과 같이 다짐할 것을 권합니다. "나는 하나님께서 말씀하신 것이 사실이란 것을 확신하지. 따라서 사람들이 그것에 대해 어떻게 말하든 절대 흔들려서는 안되." 그리고는 이렇게 기도하기 바랍니다. "하나님, 저는 지금 당신의 인도를 받고 있으며, 당신께서 영적 세계에서 이미 이루신 것을 가시적으로 보여주실 때까지 인내하며 기다리고 있습니다."

하나님의 얼굴을 찾음

하나님의 얼굴을 찾는다는 것에는 우리가 거의 기대할 수 없을 때에도 그분께서 훈계하시고 명령하시는 음성을 듣기 위해 마음을 열어놓는 것을 의미합니다. 이것은 또 하나님과 정기적으로 대화하고, 그분의 말씀을 열심히 탐구하는 것을 의미하기도 합니다. 우리가 하나님을 찾을 때, 그분은 우리의 필요한 것들을 채워주기 위해 우리에게 도울 자를 보내십니다. 그리고 우리가 위기에 처해 우리의 연약한 부분이 공격을 받을 때는 저들로부터 자신을 보호할 수 있는 초자연적인 분별력을 주십니다. "거짓 선지자들을 삼가라 양의 옷을 입고 너희에게 나아오나 속에는 노략질하는 이리라"(마 7:15) 하나님께서 말씀하실 때, 여러분은 그분의 나쁜 동기나 의도에 대해 추호도 염려할 필요가 없습니다. 사랑의 하나님은 여러분에게 항상 가장 좋은 것으로 주시는 것이 그분의 뜻이기 때문입니다.

> 여호와의 말씀이니라 너희를 향한 나의 생각을 내가 아나니 평안이요 재앙이 아니니라 너희에게 미래와 희망을 주는 것이니라 너희가 내게 부르짖으며 내게 와서 기도하면 내가 너희들의 기도를 들을 것이요 너희가 온 마음으로 나를 구하면 나를 찾을 것이요 나를 만나리라 (렘 29:11-13)

악한 길에서 떠남

분명히 말하지만, 우리가 하나님으로부터 기도 응답을 받기 위해서는 자기가 아는 모든 죄에서 떠나 하나님의 성품과 그분의 길을 추구해야 합니다. 그리고 우리가 자신의 죄를 온전히 회개하기 위해서는 그분께 우리가 알지 못하는 죄까지도 보여주실 것을 구해야 합니다.

> 자기 허물을 능히 깨달을 자 누구리요 나를 숨은 허물에서 벗어나게 하소서 또 주의 종에게 고의로 죄를 짓지 말게 하사 그 죄가 나를 주장하지 못하게 하소서 그리하면 내가 정직하여 큰 죄과에서 벗어나겠나이다 (시 19:12-13)

다음 장에서는 우리가 기도 응답을 위해 반드시 해결해야 하는 기도의 방해 요인인 '고의적인 죄' 혹은 '숨은 죄'에 대해 살펴보게 될 것입니다.

> 의인의 간구는 역사하는 힘이 큼이니라 (약 5:16)

하나님은 여러분이 이러한 4가지의 조건 —스스로 겸손하고, 기도하며, 하나님의 얼굴을 찾고, 자신의 악한 길에 떠나는— 을 모두 갖출 때, 여러분의 기도를 들으시고 필요한 것들을 채워주시겠다고 약속하셨습니다.

> 내가…그들의 죄를 사하고 그들의 땅을 고칠지라 (대하 7:14)

위의 성경 말씀이 우리가 하나님께 나아가는 방법에 대해 말하고 있다면, 다음의 절들은 기도하는 법에 대해 가르치고 있습니다.

예수님께서 기도하는 법을 가르쳐 주심

하나님과 대화하는 것이 서툰 사람들은 종종 "기도를 어떻게 해야 하지요?"하고 질문을 합니다. 예수님과 함께 생활하면서 사역한 제자들도 기도에 대해 제대로 이해하지 못했지만, 그들은 예수님께서 자기들이 원하는 기도생활의 본이 되셨다는 사실을 알았습니다. 제자들이 예수님께 기도하는 법에 대해 가르쳐 달라고 요구했을 때, 그분은 저들에게 하늘에 계신 아버지와 대화할 때 반드시 해야 할 것과 해서는 안될 것을 가르쳐 주셨습니다. 오늘날도 우리는 마태복음 6장에 기록되어 있는 기도에 대한 예수님의 가르침을 그대로 따라야 합니다.

> 또 너희는 기도할 때에 외식하는 자와 같이 하지 말라 그들은 사람에게 보이려고 회당과 큰 거리 어귀에 서서 기도하기를 좋아하느니라 내가 진실로 너희에게 이르노니 그들은 자기 상을 이미 받았느니라 너는 기도할 때에 네 골방에 들어가 문을 닫고 은밀한 중에 계신 네 아버지께 기도하라 은밀한 중에 보시는 네 아버지께서 갚으시리라 또 기도할 때에 이방인과 같이 중언부언하지 말라 그들은 말을 많이 하여야 들으실 줄 생각하느니라 그러므로 그들을 본받지 말라 구하기 전에 너희에게 있어야 할 것을 하나님 너희 아버지께서 아시느니라 (마 6:5-8)

기도할 때 해야 할 것과 하지 말아야 할 것

예수님은 우리가 기도할 때, 진실한 마음과 올바른 동기로 해야 할 것을 가르치셨습니다.

- 다른 사람에게 보이기 위해 기도해서는 안됨
- '중언부언' 해서는 안됨

기도는 여러분과 하나님 사이에 나누는 개인적인 대화입니다. 여러분이 사람들에게 자신의 '영적'인 깊이를 자랑하기 위해 기도할 때, 여러분의 기도는 전혀 무익한 것이 됩니다. 외식하는 자란 말과 행동이 일치하지 않는 사람을 말합니다. 사도행전 16장에 기록되어 있는 바울을 쫓아다닌 귀신들린 여종의 행동이 바로 이러한 것이었습니다. 그녀는 모두 옳은 말을 하는 것처럼 보였지만, 그것을 올바른 목적이나 바른 정신에서 하지 않았습니다.

사람들에게 자신의 영적 성숙을 보여주는 것에서 기쁨을 찾으려 하는 자는 이 땅에서 하나님의 뜻이 이루어지기를 위해 진실한 마음으로 기도할 때 임하는 하나님으로부터의 진정한 축복을 체험하는 기쁨을 결코 맛보지 못합니다.

> 너희가 얻지 못함은 구하지 아니하기 때문이요 구하여도 받지 못함은 정욕으로 쓰려고 잘못 구하기 때문이라 (약 4:2-3)

따라서 우리는 기도할 때 다른 사람들이 어떻게 행동하거나 생각할 것인지를 염려하여 자신을 자랑해서는 안됩니다. 나아가 우리는 추상적인 말이나 틀에 박힌 말로 하나님께 나아가려 해서는 안됩니다. 하나님은 말의 이면에 있는 우리의 속사람을 보시며, 우리가 얼마나 유창하게 말하는지를 보고 우리를 평가하시지 않습니다. 우리는 또 자신의 말에 대해 깊이 생각하지 않고 두서없이 말해서는 안됩니다. 하나님께서는 진실하고, 마음 가운데 하나님을 기쁘시게 하려는 생각을 하는 자들의 기도만을 듣고 응답하십니다. 하나님께서 이새의 아들들 가운데 이스라엘의 새로운 왕으로 세울 자에게 기름 붓기 위해 사무엘을 보내셨을 때, 사무엘은 왕의 자격이 신체적 조건에 의해 결정될 것으로 추측했습니다. 그는 인간적인 관점에서 생각했던 것입니다. 그러나 하나님께서는 즉각 사무엘에게 당신께서 백성을 이끌어 갈 특별한 인물을 선발하심에 있어 그의 외모가 아니라 속사람을 보고 세우셨다는 것을 말씀하셨습니다.

> 하나님께서는 마음 가운데 그분을 기쁘시게 하려는 생각을 가진 자들의 기도를 듣고 응답하십니다.

> 내가 보는 것은 사람과 같지 아니하니 사람은 외모를 보거니와 나 여호와는 중심을 보느니라 (삼상 16:7)

- 영적인 교만을 느끼지 않고 사람들 앞에서 자신의 영광을 구하지 않으면서 오직 하나님과 대화할 수 있는 개인적으로 조용한 장소를 찾아야 함
- 기도하기 전에 여러분에게 있어야 할 것을 아버지께서 이미 알고 계시다는 사실을 알아야 함

다시 말하지만, 여러분은 혼자서 하나님께 간절히 기도할 때 사람들이 보는 앞에서 자신의 상을 받게 됩니다. 예수님은 제자들에게 의로운 동기를 갖고 기도할 것을 명령하셨습니다. 예수님은 또 제자들에게 그들의 필요한 것들을 하나님께서 미리 예비하고 계시다는 것을 믿어야 할 것을 가르치셨습니다. 하나님은 여러분의 모두 필요한 것들을 알고 계십니다. 그러므로 여러분은 하나님께서 때가 되면 그것들을 주실 것을 믿고 의지해야 합니다.

효과적인 기도 방법

지금까지 살펴본 것처럼, 우리는 많은 기독교인이 하나님으로부터의 기적적인 응답을 바로 앞두고 그분을 포기하는 것을 봅니다. 예수님은 제자들에게 이러한 일이 일어나지 않게 하고, 그들로 하여금 계속 바른 생각과 초점을 유지하도록 돕기 위해 다음과 같이 효과적인 방법의 기도 형태를 따르고, 아버지의 뜻 안에 머물러 있어야 할 것을 가르치셨습니다.

> 그러므로 너희는 이렇게 기도하라 하늘에 계신 우리 아버지여 이름이 거룩히 여김을 받으시오며 나라가 임하시오며 뜻이 하늘에서 이루어진 것 같이 땅에서도 이루어지이다 오늘 우리에게 일용할 양식을 주시옵고 우리가 우리에게 죄 지은 자를 사하여 준 것 같이 우리 죄를 사하여 주시옵고 우리를 시험에 들게 하지 마시옵고 다만 악에서 구하시옵소서(나라와 권세와 영광이 아버지께 영원히 있사옵나이다 아멘) (마 6:9-13)

예수님은 제자들에게 아버지께 존귀(尊貴)와 경의(敬意)를 표하므로 기도를 시작할 것을 가르치셨습니다. "하늘에 계신 우리 아버지여 이름이 거룩히 여김을 받으시오며"(마 6:9) 하나님께 무엇을 구할 때는 그전에 반드시 그분을 예배하는 시간을 가져야 합니다. 하나님의 말씀은 우리에게 진정한 예배에는 하나님의 임재와 능력이 임한다는 사실을 한결같이 주장하고 있습니다. 하나님을 예배할 때, 우리는 그분 앞에 나아가게 됩니다. 역대상 16장 27절은 "존귀와 위엄이 그의 앞에 있으며 능력과 즐거움이 그의 처소에 있도다"라고 말하고 있습니다. 우리가 진정으로 예배할 때, 우리는 하나님의 영광으로 충만케 됩니다. 거룩하신 하나님께서 임재하시는 곳에 교만이나 이기심이 있을 수 없습니다.

"나라가 임하시오며 뜻이 하늘에서 이루어진 것 같이 땅에서도 이루어지이다"(마 6:10) 하나님의 뜻이 이루어지길 위해 기도하는 것은 하늘에서 이미 이루어진 것이 땅에서도 가시적으로 실현되기를 위해 간구하는 것을 말합니다. 여러분은 예수님께서 "그러나 내 원대로 마시옵고 아버지의 원대로 되기를 원하나이다"(눅 22:42)라고 말씀하신 것과 똑같은 자세를 가져야 합니다. 그런데 이러한 태도는 우리가 자신의 삶에 대한 하나님의 모든 뜻이 옳다고 확신할 수 있을 만큼 그 분께 대한 깊은 신앙과 믿음을 가질 때만 가능합니다.

우리가 하나님의 뜻대로 되기를 구할 것을 자주 망설이는 것은 그것이 자신의 '통치'에 대한 포기를 의미하기 때문입니다. 그것은 하나님의 전적인 인도를 의지하는 것을 말합니다. 그러나 무엇보다도 중요한 것은, 그것이 우리가 성령께서 우리를 위해 예비하신 것들을 발견하기 위해 우리의 육적인 본능이 좋아하는 것들을 포기하는 것을 의미한다는 사실입니다. 우리는 항상 하나님의 뜻에 따라 기도해야 합니다. 다시 말하지만, 우리의 많은 기도가 응답받지 못하는 것은 이기적인 목적이나 죄악된 의도에서 기도하기 때문입니다.

창세기 11장 1절은 인류 역사의 초기 상태에 대해, "온 땅의 언어가 하나요 말이 하나였더라"라고 말하고 있습니다. 그러나 인간은 순전히 자기들의 오만을 더욱 높이기 위해 하늘에 닿는 탑을 쌓고자 시도했습니다.

또 말하되 자, 성읍과 탑을 건설하여 그 탑 꼭대기를 하늘에 닿게

하여 우리 이름을 내고 온 지면에 흩어짐을 면하자 하였더니

(창 11:4)

   인간이 자기들의 이기적인 목적을 좇아 행하자, 하나님께서 그들의 언어를 혼잡하게 하시므로 저들로 서로 다른 사람의 말을 이해하지 못하게 하셨습니다. 이것으로 그들의 건축공사 계획은 좌절되었습니다. 우리는 하나님의 뜻에 반(反)하는 것을 하는데 시간을 낭비하는 위험을 피하기 위해 언제나 먼저 그분의 뜻을 알아보아야 합니다.

오늘 우리에게 일용할 양식을 주시옵고 (마 6:11)

   여러분이 어떤 어려움에 부닥칠지라도, 하나님께 여러분의 필요한 것을 풍성히 채워주실 것을 날마다 구하기 바랍니다. 하나님은 우리가 당신에 대한 사랑으로 사람들에게 후히 베풀 때 우리에게 모든 필요한 것을 주시겠다고 약속하셨습니다.

> 욕심이 나지만 잘못된 것에 시험을 당할 때는 자신에게 바른 마음을 달라고 기도하십시오.

나의 하나님이 그리스도 예수 안에서 영광 가운데 그 풍성한 대로 너희 모든 쓸 것을 채우시리라 (빌 4:19)

여러분이 하나님께 필요한 것을 달라고 날마다 기도할 때, 그것은 그분께 당신의 말씀을 생각나게 하실 뿐 아니라, 여러분의 삶 가운데 하나님의 뜻이 계속 이루어지는 통로가 되기도 합니다. 열왕기상 17장에는 엘리야 선지자에게 자신과 자기의 아들이 죽기 전에 마지막으로 먹을 음식을 준비하고 있다고 말한 후 하나님의 보호하시는 능력을 직접 체험한 과부에 대한 이야기가 기록되어 있습니다. 엘리야는 과부에게 그녀의 식량이 절대 떨어지지 않을 것을 예언했습니다.

> 여호와께서 엘리야를 통하여 하신 말씀 같이 통의 가루가 떨어지지 아니하고 병의 기름이 없어지지 아니하니라 (왕상 17:16)

> 우리가 우리에게 죄 지은 자를 사하여 준 것 같이 우리 죄를 사하여 주시옵고 (마 6:12)

자신이 먼저 용서하지 못하면서 어떻게 다른 사람의 용서를 기대할 수 있습니까? 이처럼 중요한 개념에 대해 우리는 다음 장에서 다시 살펴보게 될 것입니다. 용서하지 못하는 마음을 품는 것은 마치 여러분의 영적인 능력과 하나님으로부터의 사랑을 받는 데 핵심적인 요소를 갉아먹는 독소(毒素)와 같습니다. 예수님은 마태복음 18장 23-35절에서 자신은 주인인 임금에게서 엄청난 빚을 탕감(蕩減)받았음에도 불구하고 자기 동료에게는 그러한 자비와 용서를 베풀지 않은 종에 대한 이야기를 들려주고 계십니다. 그러므로 종에게 탕감해준 임금은 그것을 다시 철회했습니다. 우리가 다른 사람의 허물을 용서하지 않을 때, 하늘에 계신 아버지께서도 우리의 죄에 대한 용서를 거절하십니다.

> 너희가 사람의 잘못을 용서하면 너희 하늘 아버지께서도 너희 잘못을 용서하시려니와 너희가 사람의 잘못을 용서하지 아니하면 너희 아버지께서도 너희 잘못을 용서하지 아니하시리라 (마 6:14-15)

"우리를 시험에 들게 하지 마시옵고 다만 악에서 구하시옵소서"(13절) 여러분은 자신이 구원받았기 때문에 이제는 더 이상 시험받지 않으리라는 그릇된 생각에 절대 안주(安住)해서는 안됩니다. 많은 사람들이 이러한 자기기만으로 말미암아 거짓된 세계에 빠져 있습니다. 마귀와 우리의 영 사이에 싸움이 계속되고 있다는 점에서 가장 큰 싸움은 바로 우리 안에서 일어나고 있습니다. 우리가 시험을 당하는 것은 바로 우리의 강한 욕심 때문입니다.

> 사람이 시험을 받을 때에 내가 하나님께 시험을 받는다 하지 말지니 하나님은 악에게 시험을 받지도 아니하시고 친히 아무도 시험하지 아니하시느니라 오직 각 사람이 시험을 받는 것은 자기 욕심

> 에 끌려 미혹됨이니 욕심이 잉태한즉 죄를 낳고 죄가 장성한즉 사망을 낳느니라 내 사랑하는 형제들아 속지 말라 (약 1:13-16)

욕심이 나지만 잘못된 것에 여러분이 시험을 당할 때는 하나님께 자신이 영적으로 바른 마음을 갖게 해달라고 기도하기 바랍니다.

> 나라와 권세와 영광이 아버지께 영원히 있사옵나이다 아멘
> (마 6:13)

예수님께서 보여주신 모범적인 기도는 아버지를 높이고 그분의 나라를 인정하는 것으로 시작해서 그것으로 끝납니다. 기도의 서두에서 예수님은 우리에게 "나라가 임하시오며 뜻이 하늘에서 이루어진 것 같이 땅에서도 이루어지이다"(10절)라고 기도할 것을 가르치셨습니다. 우리는 하나님께서 나라의 통치자가 되신다는 사실을 항상 기억하여 그분을 높여야 합니다.

항상 기도하는 자세를 지님

데살로니가전서의 마지막 절은 우리에게 항상 기도하는

태도를 갖는 방법에 대해 가르쳐 주고 있습니다. 바울은 다음과 같이 기술하고 있습니다.

> 항상 기뻐하라 쉬지 말고 기도하라 범사에 감사하라 이것이 그리스도 예수 안에서 너희를 향하신 하나님의 뜻이니라 성령을 소멸하지 말며 예언을 멸시하지 말고 범사에 헤아려 좋은 것을 취하고 악은 어떤 모양이라도 버리라 (살전 5:16-22)

"항상 기뻐하라"

기뻐하십시오! 일이 잘될 때는 기뻐하는 것이 어렵지 않습니다. 그러나 바울은 우리에게 항상 기뻐해야 할 것을 말하고 있습니다. 여러분은 삶 가운데 매우 도전적이거나, 한 걸음 더 나아가 충격적인 사건을 만날 때는 지난날 하나님께서 여러분을 구원해 주신 것이나 아니면 현재 자신의 상황이 훨씬 더 악화할 수도 있다거나 또는 하나님께서 그것을 여러분에게 선을 이루게 하는 수단으로 사용할 수 있다고 생각하므로 기뻐할 수 있습니다.

> 우리가 알거니와 하나님을 사랑하는 자 곧 그의 뜻대로 부르심을 입은 자들에게는 모든 것이 합력하여 선을 이루느니라 (롬 8:28)

이런 것들을 생각할 때는 하나님의 자비와 은혜에 대해 먼저 그분을 찬양하기 바랍니다. 여러분의 심신(心身)이 약해 도저히 기도할 수 없을 때는 찬양을 통해 기도와 동일한 효과를 볼 수 있습니다. 찬양을 통해서도 여러분은 하나님의 임재(臨在)와 능력을 체험할 수 있습니다.

"쉬지 말고 기도하라"

형통할 때 기도하는 것은 여러분으로 하여금 실패할 때도 영적으로 강한 상태를 유지하도록 준비시킵니다. 다시 말해, '쉬지 않고 기도한다는 것'은 하루 24시간을 큰 소리로 기도하는 것을 의미하는 것이 아니라, 하나님을 예배하는 태도와 그분의 음성을 듣기 위해 마음을 열어 놓은 가운데 하나님의 임재를 의식하며 그분과 계속 교제하는 것을 말합니다.

> 형통할 때의 기도는 여러분이 실패할 때도 강한 상태를 유지하도록 준비시킵니다.

"범사에 감사하라"

우리가 어떠한 상황에서든지 하나님께 감사할 때, 우리의 모든 생각이 바뀌게 됩니다.

> 주께서 나의 슬픔이 변하여 내게 춤이 되게 하시며 나의 베옷을 벗기고 기쁨으로 띠 띠우셨나이다 이는 잠잠하지 아니하고 내 영

광으로 주를 찬송하게 하심이니 여호와 나의 하나님이여 내가 주
께 영원히 감사하리이다 (시 30:11-12)

때로는 우리가 자신의 삶에 대한 하나님의 뜻을 발견하는 것이 필요하지만, 감사는 언제나 하나님께서 원하시는 그분의 뜻입니다.

범사에 감사하라 이것이 그리스도 예수 안에서 너희를 향하신 하
나님의 뜻이니라 (살전 5:18)

하나님은 우리가 삶 가운데서의 여러 가지 축복에 감사할 때 그것을 기뻐하십니다. 성경은 다음과 같이 말하고 있습니다.

온갖 좋은 은사와 온전한 선물이 다 위로부터 빛들의 아버지께로
부터 내려오나니 그는 변함도 없으시고 회전하는 그림자도 없으
시니라 (약 1:17)

하나님께서 여러분에게 특별한 의무를 행하고 새로운 것을 습득할 수 있는 능력을 주시지만, 여러분은 여러분의 것이 아닙니다(고전 6:19). 예수님께서는 "나를 떠나서는 너희가 아무 것도 할 수 없음이라"(요 15:5)라고 말씀하셨습니다. 우리는 하나님으로부터 오는 복을 누릴 때도 우리에게 복을 주

시는 하나님을 결코 잊어서는 안됩니다.

범사에 하나님을 높임

본문의 나머지 부분에서 바울은 우리가 하나님과 교제하고, 그분으로부터 지혜와 복을 받을 수 있는 마음 상태를 유지하는 방법에 대해 가르치고 있습니다. 그것은 우리로 모든 일에 있어 하나님을 높이는 데 유익이 됩니다.

성령을 소멸하지 말며 (살전 5:19)

하나님께서 우리에게 성령을 통해 말씀하실 때, 우리는 그것을 기꺼이 듣고 순종해야 합니다. 우리는 하나님께서 말씀하시는 것을 무시하고 거절하거나, 성령의 역사하는 불을 소멸해서는 안됩니다. 에베소서 4장 30절은 "하나님의 성령을 근심하게 하지 말라 그 안에서 너희가 구원의 날까지 인치심을 받았느니라"라고 말하고 있습니다.

예언을 멸시하지 말고 (살전 5:20)

하나님으로부터 참다운 말씀이 임할 때, 우리는 그것에 귀를 기울이고 순종해야 합니다.

범사에 헤아려 좋은 것을 취하고 (살전 5:21)

> 우리는 단순히 사람이 말하는 것만이 아니라, 말하는 사람의 동기도 분별해야 합니다.

우리에게 있어 하나님의 음성을 분별하는 것은 매우 중요합니다. 우리는 진정 하나님께서 하시는 말씀에는 귀를 기울이되, 그분께로부터 오는 것이 아닌 말은 철저히 거절해야 합니다. 우리는 직접 하나님의 말씀을 듣거나 혹은 다른 사람들이 예언하는 것을 들을 때, 그러한 말과 예언의 내용을 하나님의 말씀에 비추어 시험해야 합니다. 그리고 좋은 것은 무엇이나 취해야 합니다. "범사를 헤아린다"라는 말에는 단순히 사람이 말하는 것만이 아니라, 말하는 사람의 마음과 동기를 분별한다는 의미가 포함되어 있습니다. 자신의 힘으로는 하나님의 말씀이 선포되는 것을 전혀 방해할 수 없다는 사실을 잘 아는 마귀는 하나님께서 의도하시는 목적을 교묘하게 악용(惡用)하려 합니다. 여러분은 종종 겉으로는 모든 것이 옳은 것을 말하지만, 의도가 불순(不純)한 사람을 볼 것입니다. 그러한 사람은 오만이나 혹은 남을 이용하기 위한 목적에서 그렇게 말할 수가 있습니다. 예를 들어, 두 사람이 같은 말을 해도 동기가 다를 경우 전혀 다른 결과를 가져오게 됩니다. 한 사람은 남을 세워주지만, 다른 한 사람은 남에게 상처를 입히거나 그를 이용합니다.

악은 어떤 모양이라도 버리라 (살전 5:22)

본 절은 우리에게 하나님의 음성을 듣기 위해서는 그분과 올바른 관계 유지가 반드시 필요하다는 사실을 다시 한번 상기시켜 줍니다. 우리는 먼저 하나님의 길과 나라를 추구해야 합니다.

예수님의 이름으로 기도함
나는 본 장에 대한 결론을 내리면서 기도에 있어서 더욱 중요한 요소를 강조하고자 합니다. 그것은 예수님께서 우리에게 당신의 이름으로 아버지께 기도할 것을 가르치셨다는 것입니다.

> 내가 진실로 진실로 너희에게 이르노니 나를 믿는 자는 내가 하는 일을 그도 할 것이요 또한 그보다 큰 일도 하리니 이는 내가 아버지께로 감이라 너희가 내 이름으로 무엇을 구하든지 내가 행하리니 이는 아버지로 하여금 아들로 말미암아 영광을 받으시게 하려 함이라 내 이름으로 무엇이든지 내게 구하면 내가 행하리라
>
> (요 14:12-14)

> 너희가 나를 택한 것이 아니요 내가 너희를 택하여 세웠나니 이는 너희로 가서 열매를 맺게 하고 또 너희 열매가 항상 있게 하여 내

이름으로 아버지께 무엇을 구하든지 다 받게 하려 함이라

(요 15:16)

그 날에는 너희가 아무 것도 내게 묻지 아니하리라 내가 진실로 진실로 너희에게 이르노니 너희가 무엇이든지 아버지께 구하는 것을 내 이름으로 주시리라 지금까지는 너희가 내 이름으로 아무 것도 구하지 아니하였으나 구하라 그리하면 받으리니 너희 기쁨이 충만하리라 (요 16:23-24)

예수님의 이름으로 기도하는 것은 곧 그분의 권위에 의지하여 기도한다는 것을 말합니다. 예수님은 우리가 당신의 뜻에 따라 기도함으로 기도 응답을 받기 원하십니다. 우리가 예수님의 이름으로 구할 때 믿음으로 기도해야 한다는 사실을 기억하기 바랍니다. 우리는 또 예수님의 성품을 닮고, 그분의 일을 행하므로 삶에 믿음의 열매가 있어야 합니다. 우리는 세상에서 하나님의 일을 행하고 예수님의 이름으로 아버지께 기도할 때, 자기가 구한 것을 받으며 기쁨으로 충만케 됩니다.

하나님을 전적으로 의존

지금까지 살펴본 성경 본문들은 우리에게 하나님께 나아

가는 방법과 그리고 그분께서 우리에게 원하시는 기도 방법에 대한 통찰력과 교훈을 제시하고 있습니다. 여러분은 자신의 기도생활 속에 이러한 원리를 적용할 때, 아버지와 대화와 기도 응답이 가능해 집니다. 나는 여러분이 모든 것을 행함에 있어 동기가 바르고 하나님의 지혜를 구해야 할 것을 권합니다. 하나님은 당신을 향한 여러분의 온전한 의지(依支)를 하나의 예배 행위로 받아들이십니다.

Chapter 6

기도 응답의
장애물 극복하기

본 장에서는 우리와 하나님 사이의 교제를 가로막고, 기도 응답에 커다란 방해가 되는 몇 가지 장애 요인에 대해 고찰하고자 합니다. 그리고 바로 앞장에서 논한 기도를 통해 하나님께 접근하는 방법 중 몇 가지를 더 살펴보고자 합니다.

정결한 마음의 결여

첫 번째 장애물은 순결한 마음이 부족한 것입니다. 성경은 다음과 같이 말하고 있습니다.

> 여호와의 산에 오를 자가 누구며 그의 거룩한 곳에 설 자가 누구인가 곧 손이 깨끗하며 마음이 청결하며 뜻을 허탄한 데에 두지 아니하며 거짓 맹세하지 아니하는 자로다 그는 여호와께 복을 받고 구원의 하나님께 의를 얻으리니 (시 24:3-5)

> 너희가 순종하는 자식처럼 전에 알지 못할 때에 따르던 너희 사욕을 본받지 말고 오직 너희를 부르신 거룩한 이처럼 너희도 모든 행실에 거룩한 자가 되라 기록되었으되 내가 거룩하니 너희도 거룩할지어다 하셨느니라 (벧전 1:14-16)

마음이 청결하다는 것은 여러분이 죄와 허물로 말미암아 씨름하는 일이 결코 없으리라는 의미가 아닙니다. 요한1서 2장 1절과 2절은, "나의 자녀들아 내가 이것을 너희에게 씀은 너희로 죄를 범하지 않게 하려 함이라 만일 누가 죄를 범하여도 아버지 앞에서 우리에게 대언자가 있으니 곧 의로우신 예수 그리스도시라 그는 우리 죄를 위한 화목제물이니 우리만 위할 뿐 아니요 온 세상의 죄를 위하심이라"라고 말하고 있습니다. 우리는 죄를 범할 때 십자가에서 우리를 위해 희생제물이 되신 예수님을 의지하여 아버지께 용서를 구하는 기도를 할 수 있습니다. 우리는 자신의 죄 문제에 대해 하나님께 도움을 구할 수 있습니다. 정결한 마음으로 하나님께 나아간다는 것은 자신의 죄에 대해 용서를 구했으며, 마음 가운데 교활하거나 악한 의도가 없다는 것을 의미합니다.

> 마음에 간사함이 없고 여호와께 정죄를 당하지 아니하는 자는 복이 있도다 (시 32:2)

하나님 앞에 정직하지 않음

청결하지 않은 마음은 하나님 앞에 부정직한 모습으로 나타날 수 있습니다. 우리는 자기가 좋아하는 사람이 우리에게 거짓말하거나 속이려 할 때, 속으로 제발 자기에게 진실하게 대해주기를 원합니다. 여러분은 그들이 여러분에게 무엇인가를 숨기며 많은 것을 감추고 있다는 사실을 알지만, 그들이 마음을 열고 정직하며 진실하기를 계속 바랍니다. 마찬가지로 하나님께서도 우리에게 똑같은 생각을 하고 계십니다.

수년 동안 여러분을 치료해왔기 때문에 여러분의 육체적 및 정신적인 병력(病歷)에 대해 잘 아는 가정 주치의가 있다고 생각합시다. 그런데 하루는 여러분이 의사에게 찾아가 수년 동안에 걸쳐 기록된 병력을 전면 부인(否認)한다고 합시다. 의사는 명백한 사실을 부인하는 여러분의 동기를 당연히 의심하겠지만, 여러분의 정신적인 건강에 대해서도 의문을 가질 것입니다. 바로 자신의 삶 가운데 범

> 정결한 마음은 자신의 죄를 용서받고, 마음 가운데 교활하거나 악한 생각이 없는 것을 말합니다.

한 죄와 어두운 부분들을 부인하며 하나님께 나아가는 우리의 모습이 바로 이와 같습니다.

이것에 대해 사도 요한은 다음과 같이 기술하고 있습니다.

> 만일 우리가 하나님과 사귐이 있다 하고 어둠에 행하면 거짓말을 하고 진리를 행하지 아니함이거니와…만일 우리가 죄가 없다고 말하면 스스로 속이고 또 진리가 우리 속에 있지 아니할 것이요
>
> (요일 1:6, 8)

마음을 청결하게 하는 유일한 방법은 하나님께 솔직히 고백하는 것입니다. "하나님, 제가 왔습니다. 저는 거짓말을 했습니다. 저는 죄인입니다. 저는 여러 가지 악을 범했으며, 그러므로 제게는 당신께서 예수님의 이름으로 저를 자유롭게 하시는 것이 필요합니다. 당신 앞에 진실하기를 원하며, 저의 죄와 불순종이 제게서 도말(塗抹)되기를 기도합니다. 저의 죄를 용서하시고, 저로 하여금 당신의 뜻에 합당한 삶을 살게 도와주옵소서."

자기의 진실을 숨김

예수님께서 마태복음 23장 26절 가운데 바리새인들을 나무라신 것은 바로 청결한 마음에 대해 언급하신 것입니다. "눈 먼 바리새인이여 너는 먼저 안을 깨끗이 하라 그리하면

겉도 깨끗하리라" 우리는 종종 자신의 진정한 속모습을 감추고자 겉만 깨끗이 하려는 헛된 수고를 합니다. 우리는 사람에게 나아가서는 하나님에게까지 겉으로 잘 보이려 하지만, 그분께는 우리의 진정한 모습을 숨길 수 없습니다.

> 여호와께서는 모든 마음을 감찰하사 모든 의도를 아시나니 네가 만일 그를 찾으면 만날 것이요 만일 네가 그를 버리면 그가 너를 영원히 버리시리라 (대상 28:9)

> 사람의 영혼은 여호와의 등불이라 사람의 깊은 속을 살피느니라 (잠 20:27)

예수님은 제자들의 발을 씻기실 때, 그들에게 영적인 청결과 불결에 대해 가르치셨습니다.

> 이에 대야에 물을 떠서 제자들의 발을 씻으시고 그 두르신 수건으로 닦기를 시작하여 시몬 베드로에게 이르시니 베드로가 이르되 주여 주께서 내 발을 씻으시나이까 예수께서 대답하여 이르시되 내가 하는 것을 네가 지금은 알지 못하나 이 후에는 알리라 베드로가 이르되 내 발을 절대로 씻지 못하시리이다 예수께서 대답하시되 내가 너를 씻어 주지 아니하면 네가 나와 상관이 없느니라 시몬 베드로가 이르되 주여 내 발뿐 아니라 손과 머리도 씻어 주

> 옵소서 예수께서 이르시되 이미 목욕한 자는 발밖에 씻을 필요가 없느니라 온 몸이 깨끗하니라 너희가 깨끗하나 다는 아니니라 하시니 이는 자기를 팔 자가 누구인지 아심이라 그러므로 다는 깨끗하지 아니하다 하시니라 (요 13:5-11)

「위클리프 성경주석(The Wycliffe Bible Commentary)」은 예수님께서 제자들의 발을 씻기신 사건에 대해 다음과 같이 설명하고 있습니다.

> [발을 씻긴] 행위는 내적인 청결을 의미했다…거듭남의 상징으로 씻는 것은 하나님 앞에서 사람이 정결케 되었음을 나타낸다. 기독교인의 세례는 바로 이것을 상징한다…나아가 더러운 것을 씻는 것이 처음 거듭나는 것을 대신해 주지 못하지만, 실제 그렇게 할 때는 중요한 의미가 있다.[4]

우리를 위한 예수님의 희생은 죄에 대해 완전한 용서와 그리고 아버지와의 화목을 가져다주었습니다. 그러나 우리가 아버지와 교제를 유지하기 위해서는 자신의 죄에 대해 계속 용서받고 그것을 정결케 하는 것이 여전히 필요합니다. 요한1서 1장 9절은 "만일 우리가 우리 죄를 자백하면 그는 미쁘시

---

[4] Charles F. Pfeiffer and Everett F. Harrison, eds., The Wycliffe Bible Commentary(Chicago: Moody Press, 1962), 1102.

고 의로우사 우리 죄를 사하시며 우리를 모든 불의에서 깨끗하게 하실 것이요"라고 말하고 있습니다.

자기의 실제 상황을 부인함

우리는 자신의 진정한 영적 상태와 자기 안에 있는 더러운 것들을 전혀 깨닫지 못할 때가 있는데, 예수님께서 그것을 직접 지적하실 때도 그런 경우가 있습니다. 마가복음 14장은 베드로에게도 이러한 문제가 있었다는 것을 보여주고 있습니다. 예수님께서 베드로에게 그가 당신을 부인할 것을 예고하셨을 때, 그는 "내가 주와 함께 죽을지언정 주를 부인하지 않겠나이다"(막 14:31)라고 대답했습니다. 그러나 예수님께서 붙잡혀 병정들에게 이끌려 심문을 받기 위해 대제사장의 집으로 가실 때 진실이 드러났습니다. 베드로는 앞으로 일어날 일들을 보기 위해 사람들의 눈에 띄지 않은 채 대제사장의 뜰로 들어갔습니다. 그는 여종과 다른 사람들에 의해 자기가 예수님의 제자 가운데 한 사람이란 사실이 발각되자 다음과 같이 불쾌하게 대답했습니다. "나는 너희가 말하는 이 사람을 알지 못하노라 하니"(막 14:71). 베드로는 예수님께서 예고하신 것처럼 닭이 두 번 울기 전에 예수님을 세 번 부인했습니다(막 14:66-72).

성령께서 우리를 깨끗게 하심

예수님의 제자들은 모두가 그분을 부인하거나 버리고 달아났습니다(더 나아가 유다는 예수님을 실제 배반했습니다). 그러나 예수님은 죽음에서 부활하신 후에도 남아 있던 열한 제자에게 성령을 선물로 주셨습니다. 예수님께서 그렇게 하신 이유가 무엇일까요? 그것은 예수님께서 그들이 자기들의 죄성을 물리치기 위해서는 성령의 내적인 도움이 필요하다는 사실을 아셨기 때문입니다. 이것에 대해 바울은 다음과 같이 기술하고 있습니다.

> 너희 중에 이와 같은 자들이 있더니 주 예수 그리스도의 이름과 우리 하나님의 성령 안에서 씻음과 거룩함과 의롭다 하심을 받았느니라 (고전 6:11)

성령께서 우리에게 임하시어 우리의 속사람을 정결케 하시므로 우리가 그리스도를 위해 능력 있는 증인이 되게 하십니다. 예수님은 당신의 제자들에게 다음과 같이 말씀하셨습니다.

> 예수께서 또 이르시되 너희에게 평강이 있을지어다 아버지께서 나를 보내신 것 같이 나도 너희를 보내노라 이 말씀을 하시고 그들을 향하사 숨을 내쉬며 이르시되 성령을 받으라 (요 20:21-22)

> 오직 성령이 너희에게 임하시면 너희가 권능을 받고 예루살렘과 온 유대와 사마리아와 땅 끝까지 이르러 내 증인이 되리라 하시니라 (행 1:8)

사람들은 여러분만을 보는 것이 아니라, 여러분의 영을 통해 빛나는 하나님의 영을 봅니다.

하나님은 신령과 진리 가운데 당신을 예배하는 참다운 예배자를 찾으십니다.

> 아버지께 참되게 예배하는 자들은 영과 진리로 예배할 때가 오나니 곧 이 때라 아버지께서는 자기에게 이렇게 예배하는 자들을 찾으시느니라 하나님은 영이시니 예배하는 자가 영과 진리로 예배할지니라 (요 4:23-24)

> 마음이 청결한 자는 복이 있나니 그들이 하나님을 볼 것임이요
> (마 5:8)

모든 것의 완전한 치료자가 되시는 하나님께 자신의 병을 숨기는 이유가 무엇입니까? 그것들을 숨기지 말고, 하나님께서 제거하게 하십시오. 따라서 이렇게 기도하기 바랍니다. "주님, 저는 지금까지 당신과의 관계를 발전시키는 것보다 종교적인 것들만을 행했습니다. 제게는 다른 사람을 비난하

고, 시기하는 습관이 있습니다. 제게는 악하고 남을 미워하며, 용서하지 못하는 마음이 있습니다. 죄악된 본성의 지배로부터 저를 구원해 자유롭게 하옵소서. 예수님의 이름으로 기도드립니다."

> 너희가 육신대로 살면 반드시 죽을 것이로되 영으로써 몸의 행실을 죽이면 살리니 (롬 8:13)

우리는 하나님의 영을 통하여 자신의 죄악된 본성을 버리고 하나님의 성품을 취할 수 있습니다.

여러분은 아버지께 성령으로 세례 주실 것을 구하십시오. 하나님께서는 분명히 여러분을 정결케 하고 인도해 주실 것입니다.

> 그는 성령과 불로 너희에게 세례를 베푸실 것이요 (마 3:11, 눅 3:16)

> 우리 하나님은 소멸하는 불이심이라 (히 12:29)

하나님은 우리를 정결케 하는 불이 되십니다. 하나님의 불은 우리를 깨끗하고 청결하게 해줍니다. 하나님은 성령을 우리 모두에게 선물로 주십니다. 성령께서 우리 안에 역사하실 때, 우리는 자신의 죄악된 본성을 찾아내어 그것을 버리고 대신 하나님의 성품을 취할 수가 있습니다.

하나님이여 나를 살피사 내 마음을 아시며 나를 시험하사 내 뜻을 아옵소서 내게 무슨 악한 행위가 있나 보시고 나를 영원한 길로 인도하소서 (시 139:23-24)

그러므로 사랑을 받는 자녀 같이 너희는 하나님을 본받는 자가 되고 (엡 5:1)

여러분은 정결한 마음으로만 하나님께 나가, "아버지, 예수님의 이름으로 저의 아내(혹은 남편)와 자녀를 축복해 주옵소서. 제게는 오늘도 당신이 필요합니다."라고 말할 수 있으며, 그때 하나님은 여러분의 기도를 듣고 천사를 보내 간구에 응답하게 하십니다. 기도는 하나님께서 여러분의 간구에 답변하시는 수단이 된다는 점에서 그분과의 사이에 정결한 마음의 통로를 갖는 것은 대단히 중요합니다.

나는 지금까지 수년 동안 하나님으로부터 기도 응답을 경험해 왔습니다. 나는 지난 16년 동안 85개 국가를 다니며 예수 그리스도의 복음을 전하는 가운데 하나님께 응답을 바라는 간구와 기도를 했습니다. 나는 많은 기적의 경험을 통해 대단히 중요한 한 가지 진리를 발견했습니다. 그것은 우리가 하나님을 찾고, 그분 앞에서 자신을 정직하게

율법의 핵심은 사랑과 긍휼과 공의입니다.

평가하고 자신에 대한 것들을 솔직히 시인하며 진실함으로 그분께 도움을 구할 때, 하나님께서 우리를 의로운 길로 인도하시고 우리에게 필요한 답변을 주신다는 사실입니다. 여러분이 이러한 사실을 깨달아 하나님을 찾고 그분 앞에 자신의 허물과 문제를 고백할 때, 하나님은 여러분의 기도를 기쁘게 받아주십니다. 육신의 부모도 자녀가 그들에게 솔직히 말할 때 기뻐하듯이 하늘에 계신 아버지도 우리가 진실하고 정결한 마음으로 당신 앞에 나아갈 때 기뻐하십니다.

> 구하라 그리하면 너희에게 주실 것이요 찾으라 그리하면 찾아낼 것이요 문을 두드리라 그리하면 너희에게 열릴 것이니 구하는 이마다 받을 것이요 찾는 이는 찾아낼 것이요 두드리는 이에게는 열릴 것이니라 (마 7:7-8)

'더 중요한 것'을 무시함

이사야서는 하나님께서 이스라엘 백성의 기도와 제물을 거부하신 당시의 상황으로 내용이 시작됩니다. 하나님께서 그렇게 하신 이유가 무엇일까요? 그것은 저들이 하나님을 진정으로 찾지 않았기 때문입니다. 그들은 자기들 주위에 있는 고아나 과부 그리고 사회적으로 대우받지 못하는 자들의 필요한 것을 무시한 채 종교의식을 행하고 '헛된 제물'을 바쳤습니다. 그러므로 하나님께서는 그들을 다음과 같이 책망하셨습니다.

> 헛된 제물을 다시 가져오지 말라 분향은 내가 가증히 여기는 바요 월삭과 안식일과 대회로 모이는 것도 그러하니 성회와 아울러 악을 행하는 것을 내가 견디지 못하겠노라 내 마음이 너희의 월삭과 정한 절기를 싫어하나니 그것이 내게 무거운 짐이라 내가 지기에 곤비하였느니라 너희가 손을 펼 때에 내가 내 눈을 너희에게서 가리고 너희가 많이 기도할지라도 내가 듣지 아니하리니 이는 너희의 손에 피가 가득함이라 (사 1:13-15)

본 절은 율법의 핵심이라 할 수 있는 다른 사람에 대한 사랑과 긍휼과 공의보다 종교 의식을 강조한 바리새인들에 대한 예수님의 책망과 매우 비슷합니다.

> 화 있을진저 외식하는 서기관들과 바리새인들이여 너희가 박하와 회향과 근채의 십일조를 드리되 율법의 더 중한 바 정의와 긍휼과 믿음은 버렸도다 그러나 이것도 행하고 저것도 버리지 말아야 할지니라 (마 23:23)

우리가 다음 장에서 구체적으로 살펴볼 것처럼, 하나님은 우리에게 헌신한 삶을 원하십니다. 다시 말해, 하나님은 우리가 단지 종교적인 의식에 초점을 두거나 다른 사람에게 해를 입히면서 자신의 이기적인 욕망을 추구하는 것이 아니라, 하나님께 온전히 드리는 삶을 원하십니다. 우리가 이처럼 헛된 것을 행할 때, 하나님은 우리의 '제물'을 거절하실 뿐 아니라, 우리의 기도에 귀를 닫으십니다. 이스라엘 백성은 그들의 악한 길에서 떠날 생각은 하지 않고 하나님께 응답만을 구하므로 그분을 노하게 했습니다. 하나님은 그들에게 악에서 떠나 다른 사람에게 공의를 행할 것을 명령하셨습니다.

> 너희는 스스로 씻으며 스스로 깨끗하게 하여 내 목전에서 너희 악한 행실을 버리며 행악을 그치고 선행을 배우며 정의를 구하며 학대 받는 자를 도와 주며 고아를 위하여 신원하며 과부를 위하여 변호하라 하셨느니라 여호와께서 말씀하시되 오라 우리가 서로 변론하자 너희의 죄가 주홍 같을지라도 눈과 같이 희어질 것이요 진홍 같이 붉을지라도 양털 같이 희게 되리라 (사 1:16-18)

분노와 용서하지 않음

우리는 예수님의 모범적인 기도를 고찰한 앞장에서 용서하지 못하는 것에 대해 살펴보았습니다. 하지만, 그것은 우리가 여기에서 다시 한번 재음미(再吟味)할 가치가 있을 만큼 대단히 중요한 주제가 됩니다. 예를 들면, 여러분이 하나님께, "주님, 저는 당신께서 제가 기도하면 들어주실 수 있는 분이라는 것을 압니다. 그런데 저에게는 지금 저의 간구에 대한 당신의 응답이 필요합니다."라고 말하는데, 여러분의 마음과 생각 가운데 이웃에 대한 증오심이 있다고 가정합시다. 아니면 15년 전에 누군가가 여러분에게 잘못한 것에 대해 아직 분노를 품고 있다고 합시다. 여러분은 하나님께 자신의 남편과 자녀, 이웃들을 축복해 달라고 간구하지만, 그것의 이면에는 아직 떨쳐버리지 못한 분노의 화신이 그대로 남아 있습니다.

하나님은 내게 처음 지옥에 대한 환상을 보여주시기 몇 주 전에 나를 마치 바나나 껍질 벗기듯이 영적으로 벗겨 내기 시작하셨습니다. 그분은 나를 향해 내가 용서하지 못한 사람이 있으면 누가 됐든 용서할 것을 말씀하셨습니다. 그 문제를 해결하기 전까지는 하나님으로부터 어떠한 계시도 없었습니다. 그것이 중요하지 않게 보일지 모르지만, 나는 카펫을 구입한 판매업자까지도 용서해야 했습니다. 그는 내게서 돈만 받아가고 물건을 주지 않아 나는 오랫동안 그에게 분을 품고 있었습니다. 하지만, 그것은 내게 영적으로 커다란 영향을 미쳤습니다.

> 여러분에게 용서하지 못하는 마음이 있다면, 하나님께 예수님의 이름으로 자신을 자유롭게 해주실 것을 구하십시오.

거기에 그 무렵에 나는 첫 남편과 결혼을 했는데 서로 마음이 맞지 않아 결혼생활이 매우 힘들었습니다. 예를 들어, 그가 종종 친구들과 함께 맥주를 마시고 들어올 때면 나는 그를 사랑으로 대하는 대신 그것에 대해 즉각 공격적인 태도를 보였습니다. 맥주를 마신 것 때문에 그가 지옥 가게 될 것으로 생각할 만큼 율법적이었던 나는 그에게 술과 관련된 성경을 펴서 읽어주었습니다. 그는 결코 나쁜 사람이 아니었습니다. 하지만, 나는 매우 힘든 과정의 경험을 통해 예수님의 긍휼을 깨달았습니다.

내가 맥주 마시는 것을 변호하는 것은 아니지만, 여기에서 그때의 사건을 굳이 언급하는 이유는 인간은 어떠한 행동도 할 수 있으며, 따라서 그들이 그렇게 할 때 우리는 내가 전남편에게 한 것처럼 성경책으로 그의 머리를 때리는 행동을 해서는 안된다는 것을 지적하기 위해서입니다(벧전 3:1-4). 하나님은 율법주의에 사로잡혀 있던 나를 철저히 치고, 깨뜨리시지 않으면 안되었습니다. 하나님은 나로 하여금 철저히 깨닫게 하셔야 했습니다. 하나님은 여섯 달 동안에 걸친 준비기간 후 내게 다음과 같이 말씀하셨습니다. "나는 지금 너를 여행 보내려 하는데, 너는 여행을 떠날 때 내게 완전히 복종해야 하노라. 너는 장차 내가 네게 보여주게 될 것들이 사실이란 것을 깨달아야 할지니라." 다시 말하지만, 내게 용서하지 못하는 마음을 해결하는 것이 무엇보다도 먼저 요구되었습니다.

예수님은 이렇게 말씀하셨습니다.

> 그러므로 예물을 제단에 드리려다가 거기서 네 형제에게 원망들을 만한 일이 있는 것이 생각나거든 예물을 제단 앞에 두고 먼저 가서 형제와 화목하고 그 후에 와서 예물을 드리라 (마 5:23-24)

만약 여러분에게 분노나 용서하지 못하는 마음이 있다면, 아버지께 고백하고 예수님의 이름으로 여러분을 자유롭게 해주실 것을 구하십시오. 하나님의 사랑이 여러분에게 충만하고, 여러분으로 하여금 삶 가운데서의 모든 면에서 승리할 수 있게 해달라고 기도하십시오.

교만

우리를 파멸로 이끄는 가장 무서운 장애물 가운데 하나는 교만입니다. 그것을 우리는 하나님을 향한 우리의 접근 방법을 논할 때 살펴보았습니다. 교만이 가져다주는 치명적인 속임수는 여러분의 성장을 인간적인 능력을 통해서 얻을 수 있는 것에만 제한시킬 수 있다는 것입니다. 교만은 여러분으로 하여금 자신의 과실을 시인하여 그것들을 스스로 바꾸는 것은 물론 하나님께 기도하는 것까지도 방해합니다.

사울 왕은 교만 때문에 망했으며, 교만은 인류 역사 가운데 많은 위대한 인물들이 몰락하게 된 주범(主犯)입니다. 사울이 계속 불순종하자 하나님의 신이 그에게서 떠났습니다. 하나님께서 침묵하고 이제는 자기에게 응답하시지 않는다는 것을 깨달은 사울은 자신에 대한 인도를 구하고자 사무엘의 영을 불러오기 위해 무당을 찾아가기로 했습니다(삼상 28장). 만약에 그때 사울이 임박해오는 블레셋과의 전쟁과 관련해 하나님 앞에 철저히 회개하고 그분의 인도를 위해 기도했다면, 이야기는 크게 달라졌을 것입니다. 그러나 사울은 전쟁터에서 중상을 입은 후 자신의 칼 위에 엎드려 스스로 목숨을 끊었습니다(삼상 31장).

교만은 다음과 같은 말로 우리를 미혹(迷惑)합니다. "네 잘못을 시인하지 마라. 그것은 너를 굴욕스럽게 만들 것이다. 그보다는 네가 지금 하는 것에 대해 뻔히 알면서도 그렇게 하는 것처럼 행동하므로 어떤 것이나, 어느 누구도 너를 변화시키기 위해 간섭하지 못하게 하라." 이러한 유혹에 여러분이 동조하여 고개를 끄덕일 때, 교만은 서서히 교묘한 방법으로 여러분을 비극적인 파멸로 인도합니다(잠 16:18). 잠언 11장 2절은 교만한 사람이 피하려 하는 바로 그것 ㅡ부끄러움ㅡ 이 마침내 그에게 찾아온다는 것을 말하고 있습니다. "교만이 오면 욕도 오거니와 겸손한 자에게는 지혜가 있느니라"(잠 11:2) 교만한 자는 결코 성장할 수 없으며, 지혜가 멀리 떠납니다. 교만한 자는 인내심이 부족하므로 먼저 하나님의 뜻을 구하지 않고 경솔하게 결정합니다.

> 성급한 포기는 하나님의 능력과 축복을 체험하지 못하게 합니다.

기도 응답의 성공은 인내심과 하나님의 능력을 의지하는 것에 달렸습니다. 성급히 포기할 때 여러분은 하나님의 능력을 보지 못하고, 그분께서 주시는 기적과 같은 복을 누리는 기쁨을 체험하지 못합니다.

영적 성장의 결여

기도 응답에 있어 마지막으로 또 한 가지 장애물은 영적 성장의 결핍으로, 그것은 영적 무감각으로부터 야기됩니다. 여러분은 하나님과 그분의 방법에 대한 지식이 자라고, 믿음 안에서 그분의 말씀을 실천하며 그분께 순종할 때, 더욱 강한 기도의 능력을 체험하게 됩니다. 여러분은 하나님께서 여러분에게 주시고자 하는 권능은 마귀와의 영적 싸움을 위해 필요할 뿐 아니라, 여러분을 죄악된 습관과 시험에 굴복하는 것으로부터 자유케 하는 능력이라는 것을 알아야 합니다.

여러분이 갓 거듭난 새로운 기독교인이 될 때, 하나님은 여러분이 영적으로 아직 받아들일 수 없는 것들이 많다는 것을 아십니다. 갓 태어난 어린 아이는 한동안 젖을 먹어야 합니다. 그에게는 성장과 함께 보살핌과 사랑과 격려가 필요합니다. 그것이 바로 우리를 사랑하시는 하나님의 방법입니다. 하나님은 우리가 당신의 말씀으로 새롭게 되어 그분을 위해 일할 수 있을 만큼 자랄 때까지 우리를 살피시고 보호하십니다.

> 갓난 아기들 같이 순전하고 신령한 젖을 사모하라 이는 그로 말미암아 너희로 구원에 이르도록 자라게 하려 함이라 (벧전 2:2)

> 이는 젖을 먹는 자마다 어린 아이니 의의 말씀을 경험하지 못한 자요 단단한 음식은 장성한 자의 것이니 그들은 지각을 사용함으로 연단을 받아 선악을 분별하는 자들이니라 (히 5:13-14)

여러분이 하나님의 말씀 안에서 자랄수록, 보다 많은 도전에 직면해야 하는 것처럼 보일 때가 있습니다. 이러한 사실은 여러분이 영적으로 자랄 때, 하나님의 말씀 가운데 단단한 고기와 같은 것을 소화시킬 수 있는 능력과 선악을 분별하는 예리한 감각을 갖게 된다는 사실을 의미합니다. 야고보는 다음과 같이 기술하고 있습니다.

> 내 형제들아 너희가 여러 가지 시험을 당하거든 온전히 기쁘게 여

> 기라 이는 너희 믿음의 시련이 인내를 만들어 내는 줄 너희가 앎이라 (약 1:2-3)

이것은 또 여러분에게 그보다 훨씬 더 자랄 수 있는 능력을 주기도 합니다.

> 무릇 열매를 맺는 가지는 더 열매를 맺게 하려 하여 그것을 깨끗하게 하시느니라 (요 15:2)

시험을 만날 때는 온전히 기쁘게 여기십시오.

하나님은 전능하시고 거룩하신 분입니다. 여러분은 예수 그리스도를 통해서만 그분과 화목하고, 영원한 생명으로 거듭날 수 있습니다. 여러분은 이러한 화목을 통해서만 영적으로 자라고, 성공적인 기도생활을 할 수 있습니다. 이것이 바로 내가 여러분에게, 거듭났는지의 여부를 다시 한번 물어보고 싶은 이유입니다. 그렇지 않다면, 지금 이 시간 자신의 죄를 회개하고, 여러분을 위해 십자가에서 자신을 희생하신 예수 그리스도를 통한 죄 사함을 받기 바랍니다. 그리고 하나님께 헌신적인 삶을 사십시오. 여러분이 다른 사람들과 마찬가지로 과실을 범하거나 죄를 지을 때는 예

> 고난을 당할 때는 하나님을 피하지 말고 그분께 속히 나가기 바랍니다.

수님의 이름으로 즉각 회개하고, 다시 일어나 계속해서 하나님을 위한 삶을 살아가기 바랍니다.

여러분은 그리스도께서 바로 여러분을 위해 십자가 위에서 피 흘려 돌아가신 사실을 믿어야 합니다. 여러분은 그리스도께 여러분의 마음 가운데 들어와 여러분의 영혼을 구원해 주시고, 모든 죄에서 용서해 주실 것을 구할 때 살아계신 하나님의 영을 통해 거듭나게 됩니다. 그렇게 할 때 하나님은 여러분을 죄에서 깨끗게 하시고 새롭게 하십니다.

> 그런즉 누구든지 그리스도 안에 있으면 새로운 피조물이라 이전 것은 지나갔으니 보라 새 것이 되었도다 (고후 5:17)

성경은 이렇게 말하고 있습니다.

> 하나님은 사람이 아니시니 거짓말을 하지 않으시고⋯어찌 그 말씀하신 바를 행하지 않으시며 하신 말씀을 실행하지 않으시랴
> (민 23:19)

하나님은 하신 약속을 반드시 지키십니다. 그러므로 새신자와 기(旣)신자 모두 하나님 언약 관계에 들어갈 때 그리스도 안에서 새로운 피조물이 된다는 사실을 기억해야 합니다. 하나님은 여러분이 장애물과 유혹에 직면할 때, 그것들을 물

리치도록 도와주십니다. 하나님께서 처음에는 여러분에게 그분의 젖과 같은 말씀을 주시지만, 여러분이 자람에 따라 단단한 식물을 말씀으로 주십니다. 여러분이 성경을 읽고 연구하며, 삶 가운데 성령의 역사에 순종할 때, 여러분은 그리스도 안에서 더욱 강하고 튼튼해집니다.

다시 말하지만, 여러분은 과실을 범할 수 있습니다. 그러나 과실을 범하는 것이 여러분이 성장하고 배워가는 과정의 일부가 된다는 것을 기억하기 바랍니다. 여러분은 성장할수록, 자신이 정말 얼마나 모르고 있었는지 깨닫게 됩니다. 여러분은 장차 수없이 넘어질 것입니다. 하지만, 그것은 마치 어린아이가 넘어지지 않고 걸을 때까지 넘어졌다가 다시 일어나는 것을 반복하는 것처럼 지극히 자연스러운 현상입니다.

하나님은 여러분이 넘어질 때 보호해 주시거나, 아니면 엉덩방아나 부상을 통해 깨닫도록 허락하십니다. 그러나 하나님은 항상 여러분의 옷에 묻은 흙을 털어주시고, 여러분이 다시 일어날 수 있도록 도와주십니다. 고난을 당할 때는 하나님을 피하지 말고 그분께 속히 나아가기 바랍니다. 우리는 삶 가운데 많은 어려움에 처하지만(욥 14:1, 요 16:33), 우리가 기도하기만 하면 하나님께서 들어주신다는 사실을 깨달을 때, 그분은 우리를 모든 어려움으로부터 구원하실 수 있으며 기꺼이 그렇게 하십니다.

장애물에 대한 최선의 방어책

여러분은 하나님을 찾고 그분의 명령에 따를수록, 여러분에 대한 하나님의 구원과 역사하는 능력을 많이 체험하게 됩니다. 그러므로 여러분은 절대 포기하지 말고 하나님을 부지런히 찾아야 합니다. 여러분이 삶 가운데 고난을 피하기 위해서는 하나님을 최고의 자리에 모셔야 합니다.

장차 죄성(罪性)의 표출과 사탄의 공격을 막기 위한 최선의 방어책은 하나님과 교제시간을 갖는 것입니다. 그렇게 할 때 여러분은 기도하고 성경을 읽음으로 그것들을 물리치는 방법을 사전에 준비하게 됩니다. 따라서 여러분은 당황하거나 두려워하는 대신 말씀 안에서 담대히 서서 그것들에 맞서게 됩니다. 하지만, 이러한 원리를 알지 못할 때, 여러분은 삶 가운데 그것들로 말미암아 계속 불안해하면서도 하나님을 찾지 않게 됩니다.

여러분은 직업을 자주 바꾸는 사람들을 보았을 것입니다. 그들이 어려움이 생길 때마다 직업을 바꾸는 것은 직업에 대한 어려움을 해결하는 기술을 터득하지 못했기 때문입니다. 영적으로도 동일한 결과가 여러분의 삶 가운데 나타날 수 있습니다. 하나님의 말씀과 기도를 통해 자신을 통제하거나 영적 전쟁을 위한 훈련이 되어있지 않을 때, 여러분은 그것들을 물리치기 위해 싸우기보다 싸움을 계속 피하게 됩니다. 따라서 여러분은 자신이 "믿음의 선한 싸움"(딤전 6:12)을 싸우는 대신 계속해서 패하는 싸움을 싸우고 있음을 발견하게 됩니다.

여러분은 하나님의 도움을 받지 않고 이것들을 스스로 해결하려 할 때, 낙심에 빠지고 지치며 기운을 잃게 됩니다. 이것은 마침내 여러분으로 하여금 자포자기의 상태에 이르게 할 수가 있습니다. 따라서 여러분은 노력하면 얼마든지 개선할 수 있는 자신의 부정적인 모습을 그대로 수용하거나, 아니면 마귀가 여러분을 향해서 던지는 고통에 대해 '인생에 있어 당연한 것'으로 받아들이게 됩니다. 다시 말해, 여러분은 그것을 자신이 예수 그리스도를 통해 물리칠 수 있는 많은 장애물 가운데 하나로 간주하는 대신 삶 가운데 있어 당연한 것으로 간주합니다.

이것에 대해 블루머 감독은 다음과 같이 설명했습니다.

> 나는 성령에 이끌려 천국이라고 생각되는 곳에 간 꿈을 꾼 적이 있습니다. 내가 발코니와 같은 곳에 서 있는데 하나님의 천사가 나를 향해, "이것은 영원한 발코니입니다."라고 말하는 것이었습니다. 발코니의 꼭대기를 바라보았을 때, 거기에는 마치 높은 산으로 올라가는 수천 개의 계단이 있는 것처럼 보였습니다.
> 그런데 계단 위에는 마치 크리스마스나 생일날 또는 기념 선물을 싸는 포장지와 같은 아름다운 종이로 포장된 짐들이 있

었습니다. 그중에는 대단히 큰 것이 있었는가 하면, 다이아몬드 반지처럼 아주 작은 것들도 있었습니다. 발코니에 서 있던 천사는 내게 그러한 짐들이 하나님께서 인간에게 주시기 위해 마련한 선물이지만, 우리가 잘못 기도하기 때문에 지금까지 그것들을 주시지 않았다고 설명했습니다.

그런데 환상 가운데 하나님께서 내게 인간의 육적인 귀로는 알아들을 수 없는 영적으로만 이해할 수 있는 말로 속사이기 시작하셨습니다. 천사는 우리가 기도할 때, 하나님께 우리를 위해 예비하신 것들을 주실 것을 구하고, 사소한 것들에 만족하지 말아야 할 것을 설명해 주었습니다.

사도 요한은 요한3서 1장 2절에서 "사랑하는 자여 네 영혼이 잘됨 같이 네가 범사에 잘되고 강건하기를 내가 간구하노라"라고 기술하고 있습니다. 그러나 사탄의 세력은 우리가 형통하게 되는 것을 방해합니다.

여러분이 하나님과 대화하고 그분의 말씀을 연구하는 데 보내는 시간이 많을수록, 자신의 죄성과 사탄의 기만하는 말에 귀를 기울이는 시간은 줄어들게 됩니다.

'미혹의 마귀'

많은 사람은 그들의 삶 가운데 특정한 장애물을 극복하는 것이 하나의 영적 전쟁에 해당한다는 사실을 알지 못하고 있습니다. 최근에 나는 우리 집으로 목회자 몇 분을 초청해 그들과 함께 깊은 기도와 중보기도에 빠진 적이 있습니다. 우리는 다가오는 새로운 한 해에 대한 하나님의 인도를 구하고 있었습니다. 그때 내게 하나님의 영이 임하면서 환상이 보이기 시작했습니다. 하나님은 나를 악마의 세력이 공중을 떠다니는 숲이 우거진 곳으로 인도하셨습니다. 그것은 그때까지 내가 본 것 중에서 가장 극악한 악마처럼 보였습니다. 그런데 그중에는 물고기를 낚는 데 사용되는 미끼와 비슷한 것으로 실제 길이가 3미터쯤 되어 보이는 것이 있었습니다. 그것은 마치 뱀과 같았는데, 먹잇감을 찾고자 두 눈을 두리번거리고 있었습니다. 그런가 하면 머리를 풀어헤친 다른 하나의 악마가 있었습니다. 나는 그것이 미혹하는 능력을 갖추고 있다는 것을 알 수 있었습니다. 나는 또 원숭이 형상의 악마들을 볼 수가 있었습니다. 그곳에는 온갖 악마들의 활동이 난무(亂舞)하고 있었습니다.

나는 목회자들과 함께 기도하기 시작했을 때 성령께서 홍

> 여러분이 하나님의 말씀을 연구하는 데 보내는 시간이 많을수록, 사탄의 기만하는 말에 귀를 기울이는 시간은 줄어듭니다.

수처럼 임하시는 것을 보았습니다. 그것은 마치 골짜기와 산간 지대 그리고 언덕 위를 흘러내리는 홍수와 같았습니다. 그런데 하나님의 영에는 불이 있었으며, 불은 마귀들을 소멸하기 위해 그것들을 추격하기 시작했습니다. 따라서 악한 실체들은 재로 불살라질 운명에 처했습니다. 그러한 환상들은 내가 기도하고 다른 사람들을 위해 중보기도하는 동안 밤새 계속되었습니다.

오늘날 세상은 '미혹하고' '속이는' 마귀들로 가득 차 있습니다. 그것들은 지금 사람들로 하여금 하나님께 속하지 않은 것들을 추구하도록 선동하고 있습니다. 그것들은 사람들을 하나님의 뜻에 불순종하도록 미혹하고 있습니다. 믿는 자들이 어린 양의 피와 자기들의 증거하는 말을 통해 이기는 법을 배워야 하는 이유가 바로 여기에 있습니다(계 12:11).

우리는 마귀들의 이러한 활동을 깨달을 때, 하나님의 뜻에 순종하고자 몸부림치는 노력을 하는 자들에 대해 더욱 긍휼히 여기는 마음을 갖게 됩니다. 우리는 영혼 구원에 있어 마귀들의 이러한 활동이 커다란 방해가 되었다는 사실을 알게 됩니다. 자신도 모르는 가운데 그들을 하나님으로부터 떠나게 하는 마귀의 세력으로 인해 중생(重生)의 체험을 하지 못하는 자들이 많습니다. 그들은 자신이 사탄의 세력 때문에 거의 완전히 제압당할 때까지 자기가 그러한 덫에 빠져 있다는 사실조차 알지 못합니다. 하지만, 그들은 하나님의 은혜와 예수님의 피를 통해서만 이처럼 미혹하는 세력으로부터 구원 받을 수 있습니다. 나는 하나님에게서 떠난 자들이 미혹하는 영들에게 당하는 기만(欺瞞)의 심각성을 보았을 때 커다란 충격과 함께 헤아릴 수 없는 동정심을 느꼈습니다.

우리는 종종 사람들이, "하나님, 저를 죄의 비참한 상태에서 구원해 주신 것에 감사드립니다!"라고 간증하는 것을 듣습니다. 우리가 불행을 자초하면서까지 죄를 범하는 것은 그것이 가져다주는 많은 육적인 쾌락 때문입니다. 우리가 자신의 힘으로 극복할 수 없는 많은 것들에서 벗어나기 위해서 하나님의 능력이 필요한 이유가 바로 여기에 있습니다. 만약에 죄가 우리에게 즐거움을 가져다주지 못한다면, 마귀가 우리를 시험할 방법은 아무것도 없을 것입니다. 사탄은 우리가 탐내는 것만 활용하는데, 그것들은 모두가 우리의 육적인 욕심을 채워주는 것들입니다. 이것은 우리의 모든 원하는 것들이 죄라는 것을 의미하지 않지만, 모든 시험에는 만약 우리에게 욕심이 없다면 우리가 결코 시험당하지 않을 쾌락이 포함되어 있다는 것을 말합니다.

> 죄의 유혹을 받을 때는 양심의 '꾸짖는' 음성을 거부하지 말기 바랍니다.

예를 들면, 여러분이 해물을 좋아하지 않는다면, 식당의 종업원이 그것을 아무리 권해도 여러분은 계속 거절할 것이며, 마침내는 그의 계속된 권유에 기분이 상하는 지경까지도 이룰 수 있습니다. 그런데 만약에 여러분이 대단한 쇠고기 미식가인데 같은 종업원이 큼직한 고급 비프스테이크를 제공한다면, 그가 그것을 식탁에 가져오기도 전에 군침이 돌 것입니다. 여러분은 빨간 살코기를 많이 먹지 말라는 의사의 충고에도 나중에 소화만 시킬 수 있다면 식욕이 당길 때까지 그것을 먹을 것입니다.

우리가 죄를 범하는 것이 바로 이와 같습니다. 우리는 죄에 빠지는 것이 아니라, 자신의 욕심 때문에 죄에 이끌려가는 것입니다. 죄에는 반드시 결과가 따른다는 사실을 알면서도 '억제할 수 없는' 욕심 때문에 자신의 양심을 '꾸짖는' 음성에 귀 기울이는 것을 종종 거부합니다.

우리의 욕심이 감당할 수 없는 탐욕 때문에 강한 중독 증세로 바뀌는 과정이 이와 똑같습니다. 중독증에 걸린 자가 그것에서 구출되지 못할 때, 그는 자기가 중독된 자신의 신(神)에게 노예가 됩니다. 그를 그것에서 벗어나게 할 수 있는 것은 살아계신 참 하나님만이 가능합니다. 따라서 그들은 자신의 직장에서부터 가정 문제와 인간관계, 경제 문제 그리고 인생의 성공에 이르기까지 자기가 중독된 것들의 미혹하는 영에 의해 계속 지배를 받게 됩니다.

하루에도 수많은 마약 중독자들이 그들의 가족에게 자기가 건강을 망가뜨리는 중독증을 극복했다고 거짓말하며 재활 센터를 떠나고 있습니다. 이처럼 인간을 파멸시키는 중독증은 하나의 질병일 뿐 아니라, 우리를 영적으로 속입니다. 오늘날 젊은이들이 마약 중독으로 사탄의 속임수에 삶을 빼앗긴 나머지 삶 가운데서의 긍정적이고 건설적인 기쁨을 경험할 기회를 전혀 누리지 못하고 있습니다.

마약 중독은 그것에 빠진 사람들 스스로 그것을 원해서 그렇게 된 것이 아니지만, 거기에서 벗어나기 위해 자기가 탐하는 신을 하나님 앞에 갖고 갈 때까지는 계속 그 상태에서 벗어나지 못합니다. 그것은 중독자들이 그러한 상태에 계속 머물러 있기를 원하기 때문이 아니라, 자신을 지배하는 것에 대한 그들의 욕구 때문에 강렬한 투쟁이 없이는 거기에서 벗어나는 것이 불가능하기 때문입니다.

따라서 사람을 파괴하는 마약 중독자를 위해 일하는 자들은 중독자들이 마약 자체보다도 훨씬 더 강한 세력에 지배당하고 있다는 사실을 알아야 합니다. 그들은 마약 중독자들이 기만(欺瞞)과 미혹(迷惑)의 악한 세력으로부터 구원받기를 위해 기도해야 합니다. 그들은 또 중독자가 그러한 미혹을 물리치기 위해 하나님으로부터 힘과 능력을 받을 수 있도록 기도해야 하는데 그것은 저들이 마약 중독에서 자유롭게 된 후에도 그것의 시험이 오랫동안 지속할 수 있기 때문입니다.

> 인간을 파멸시키는 중독증은 하나의 질병일뿐 아니라, 우리를 영적으로 속입니다.

나는 플로리다 주에서 살 때 집에서 가까운 해변 마을 사람들로부터 하나님의 말씀을 들은 후 삶이 마치 기적과 같이 바뀌었다는 어느 청년에 대한 매우 감동적인 간증을 들은 적이 있습니다. 청년은 그의 인생에 있어 대단히 중요한 시기에 바닷가에서 실시된 성경 공부에 초대되었습니다. 그는 자기 앞에 성경책을 펼쳐 놓았지만, 그 안에 코카인을 숨겨놓고는 목사님이 하나님에 대해 말하는 동안에도 코카인을 흡입했다고 합니다.

　그는 이렇게 말했습니다. "저는, '예수님은 나의 구세주이십니다. 예수님은 나를 사랑하십니다.' 와 같은 몇 마디를 자주 떠올리곤 했지요. 그리고 성경 말씀을 그대로 믿었습니다. 저는 높이 떠있는 연처럼 환각 상태에서 성경 공부에 참석했는데, 그렇게 하기를 약 한 달간 계속했습니다. 저는 항상 기쁘고, 하나님을 사랑하는 사람들과 함께 있는 것 자체가 좋았습니다. 목사님은 제가 코카인을 흡입하고 있다는 사실을 몰랐지만, 하나님께서는 분명히 아셨을 겁니다. 한 번은 제가 성경 공부에 참석해 코카인을 흡입하려고 하는데, 갑자기 그런 생각이 없다는 것을 깨달았습니다. 그러한 욕구가 제게서 사라져 가고 있었던 것입니다. 저는, '참, 신기하다.' 라는 생각이 들었습니다."

　그때부터 젊은이는 하나님께서 자기를 얼마나 사랑하시고, 사람들을 파멸적인 습관으로부터 자유롭게 하기 원하신다는 목사님의 말에 귀를 기울이기 시작했습니다. 따라서 그는 하나님께 다음과 같이 기도했습니다. "하나님, 이것은 오래된 습관입니다. 하지만, 나쁜 습관입니다. 그것은 잘못된 습관으로 저의 인생을 망치고 있습니다. 저를 이러한 습관으로부터 구해주시지 않겠어요? 주님, 저를 구원해 주세요. 아직도 그것을 버리지 못했지만, 그러한 상태가 계속되는 것을 이제는 원하지 않습니다." 그는 짧게 기도했지만, 갑자기 뜨거운 물 같은 것이 자기의 머리끝부터 발바닥까지 흘러내리는 기분을 느꼈습니다. 그는 자신의 영혼에서 거품 같은 것이 솟구쳐 나오는 것을 느끼면서 하나님을 찬양하기 시작했습니다. 그에게는 하나님께서 자기를 그릇된 욕망으로부터 구원하시어 멀리 떠나게 하고 계시다는 확신이 임했습니다. 그는 그것이 바로 자신의 구원에 대한 시작이었다는 것을 말해 주었습니다.

"며칠, 몇 주 동안 저는 계속 성경 공부에 참석했습니다. 하나님께서는 저와 함께 하셨습니다. 이제 저는 코카인을 흡입하지 않았지만, 술은 많이 마셨지요. 하지만, 저는 계속 성경 공부에 참석하면서 말씀을 들었습니다. 저는 더는 사람들로부터 비난과 손가락질을 받지 않고 하나님께서 나를 사랑하신다는 사실을 깨닫는 가운데 하나님에 대해 보다 많은 것을 알고 이해하게 되었습니다. 그분은 항상 저와 함께 하셨으며, 저는 '하나님, 저로 하여금 시험을 능히 물리칠 수 있게

> 우리는 마약 중독자들의 그것으로부터 구원뿐만 아니라, 앞으로의 시험도 물리칠 수 있기를 위해 기도해야 합니다.

하시고, 당신을 위한 훌륭한 일꾼이 되게 하옵소서.' 하고 기도했는데, 하나님께서 내게 그렇게 역사하기 시작하셨습니다. 저는 지금 하나님의 말씀과 그분의 능력으로 말미암아 완전히 구원받고, 자유로운 자가 되었습니다."

혹시 여러분도 지금 이와 비슷한 상황 가운데 속박되어 있는지 모릅니다. 혹 여러분에게는 기쁨이나 평화가 전혀 없는지 모릅니다. 여러분은 나쁜 사람들의 사기와 삶 가운데서의 과실로 말미암아 지금 경제적으로 파산 상태에 있는지 모릅니다. 아니면 여러분은 자기가 전혀 원하지 않은 죄를 범해 지금 투옥되어 있는지 모릅니다. 여러분은 지금 마약이나 알코올의 파괴적인 지배와 비인간적인 환경 가운데 크게 시달리고 있는지 모릅니다. 그러나 하나님은 여러분이 기도하면 언제든지 들으실 수 있을 만큼 가까이 계시며, 따라서 여러분이 큰 소리로 말할 수 없을 때는 그분께 마음속으로 말해도 됩니다. 하나님의 관심을 끌기 위해 자신을 특별하게 보일 필요가 없습니다. 모든 것에서 그분을 최고의 자리에 모시기 바랍니다. 성경은 우리에게 마음과 목숨과 뜻과 힘을 다해 하나님을 사랑할 것을 말하고 있습니다(막 12:30).

은혜 가운데 자람

사탄은 사람들이 하늘에 계신 아버지를 알지 못하게 하거나, 그분으로부터 멀리 떠나게 하고자 수많은 교묘한 방법들을 사용하고 있습니다. 아직 하나님을 알지 못하는 자들은 앞에서 언급한 플로리다 주 출신의 청년처럼 하나님께 나아가 그분께 자기를 구원해 주실 것을 간구하기 바랍니다. 그뿐 아니라, 기독교인들 역시 자신의 삶을 돌이키고 성령의 능력을 통해 죄성(罪性)을 물리쳐야 합니다. 그들은 어떻게든 하나님 앞에 자기들의 마음을 더럽게 하고, 자기들이 광적인 신앙과 분노, 교만, 영적인 미성숙 그 밖의 여러 가지 중독에 빠지기를 원하는 사탄의 세력에 지배당하지 않도록 깨어 있어야 합니다. 따라서 베드로는 다음과 같이 경고하고 있습니다.

> 주 앞에서 점도 없고 흠도 없이 평강 가운데서 나타나기를 힘쓰라 또 우리 주의 오래 참으심이 구원이 될 줄로 여기라 우리가 사랑하는 형제 바울도 그 받은 지혜대로 너희에게 이같이 썼고…그러므로 사랑하는 자들아 너희가 이것을 미리 알았은즉 무법한 자들의 미혹에 이끌려 너희가 굳센 데서 떨어질까 삼가라 오직 우리 주 곧 구주 예수 그리스도의 은혜와 그를 아는 지식에서 자라 가라 영광이 이제와 영원한 날까지 그에게 있을지어다
>
> (벧후 3:14-15, 17-18)

Chapter 7

헌신적인 삶

우리가 꿈과 환상뿐 아니라, 하나님과 가까이 동행하며 가시적인 기도 응답을 경험하기 위해서는 고독을 수용하는 능력이 반드시 필요합니다. 자기 주위에 항상 사람이 필요한 자는 하나님과 소중한 시간을 보내는 자들이 누리는 축복인 그분과의 온전한 교제를 체험한다는 것이 결코 불가능합니다. 왜냐하면, 우리가 하나님의 음성을 듣고 그분의 신비한 것들을 경험하는 것은 바로 그분과의 긴밀하고 고요한 시간을 가질 때 가능하기 때문입니다. 따라서 우리는 삶 가운데 하나님의 임재와 권능의 필요성을 더욱 깨닫게 됩니다.

우리는 고통과 시련에 처할 때 종종 가족이나 친구, 나아가서는 지인(知人)들에게서 위로와 조언을 구하려 합니다. 여러분이 하나님을 먼저 찾고, 하나님의 교훈보다 사람의 말을 결코 우선시하지 않을 때는 이것도 하나의 좋은 방법이 될 것입니다. 그러나 평안을 찾을 수 있는 가장 확실한 장소는 하나님께서 계신 곳입니다. "너희가 돌이켜 조용히 있어야 구원을 얻을 것이요 잠잠하고 신뢰하여야 힘을 얻을 것이거늘"(사 30:15) 예수님은 이렇게 말씀하셨습니다.

> 수고하고 무거운 짐 진 자들아 다 내게로 오라 내가 너희를 쉬게 하리라 나는 마음이 온유하고 겸손하니 나의 멍에를 메고 내게 배우라 그리하면 너희 마음이 쉼을 얻으리니 이는 내 멍에는 쉽고 내 짐은 가벼움이라 하시니라 (마 11:28-30)

예수님의 멍에 안에서 쉼

그리스도의 '멍에'를 메는 것은 우리에게 안식을 줄뿐 아니라, 하나님과의 긴밀한 관계를 발전시켜 나가는 것에도 도움이 됩니다. 하나님의 자녀인 여러분은 만나는 사람들에게 여러분의 평안을 통해 하나님의 임재를 느낄 수 있도록 해야 합니다. 그렇다면 여러분은 이러한 멍에를 어떻게 메고 있습니까? 예수님은 우리가 당신의 안식에 들어가는 방법에 대해 다음과 같은 3가지의 교훈을 주고 계십니다.

"내게로 오라"

예수님께 간다는 것은 자신의 삶을 그분께 드리고, 모든 면에서 그분을 의지하는 것을 말합니다. 아버지께 훈계와 인도하심을 구할 때, 그것이 당신을 전지(全知)하신 분으로 인정하는 것이라는 점에서 우리가 예수님의 이름으로 기도하는 것을 매우 기뻐하십니다. 나는 여러분이 모든 것에 실패하고 난 후에야 하나님께 나아갈 것을 권하지 않습니다. 그보다는 먼저 하나님께 나아가므로 사전에 문제가 생기지 않게 해주실 것을 간구하기 바랍니다.

"나의 멍에를 메고"

예수님의 멍에는 무겁지 않습니다. 무겁지 않은 정도가 아니라, 삶 가운데 우리가 올바른 인도를 받는 수단이 됩니다. 세상에서의 멍에는 '소와 같은 두 마리의 견인(牽引)용 동물에게 역축(役畜)을 시키기 위해 머리나 목을 서로 연결하는 나무로 된 가름대 내지는 틀을 말하는 것'으로 정의할 수 있습니다.[5] 우리는 예수님의 멍에를 멜 때, 그분께서 우리를 인도하시는 대로 따라 움직여야 합니다. 예수님은 우리가 가야

---

5) Merriam-Webster's 11th Collegiate Dictionary, s. v., "yoke."

할 방향을 조종하시는 분입니다. 그분은 또 우리에게 푸른 초장에서 풀을 뜯어 먹고, 당신을 위해 의를 행할 수 있도록 앞을 바라보는 눈과 능력으로 준비시키십니다(시 23:3). 이것이 바로 예수님께서 "이는 내 멍에는 쉽고 내 짐은 가벼움이라"(마 11:30)라고 말씀하신 이유입니다.

> 예수님의 멍에는 삶 가운데 우리가 올바른 인도를 받는 수단이 됩니다.

우리가 그리스도를 떠나 그분이 우리를 인도하시지 않는 방향으로 갈 때는 멍에가 어려운 것이 됩니다. 그리고 우리가 짐이 너무 무거워 감당할 수 없는 것은 하나님께서 우리에게 지우신 것보다 많은 것을 지기 때문입니다.

> 사람이 감당할 시험 밖에는 너희가 당한 것이 없나니 오직 하나님은 미쁘사 너희가 감당하지 못할 시험 당함을 허락하지 아니하시고 시험 당할 즈음에 또한 피할 길을 내사 너희로 능히 감당하게 하시느니라 (고전 10:13)

무거운 짐으로 우리를 멸망에 이르게 하는 것이 하나님의 뜻이 아닙니다. 예수님은 포로된 자를 자유케 하기 위해 세상에 오셨습니다(요 3:17). 만약에 지금 여러분이 무거운 짐의 멍에를 져 감당할 수 없다면, 그것은 분명히 하나님께서 주신 것이 아니라는 것을 알 수 있습니다. 따라서 이러한 속박을 벗어던지고 즉시 하나님께 나아가 구원을 받기 바랍니다.

> 우리의 싸우는 무기는 육신에 속한 것이 아니요 오직 어떤 견고한 진도 무너뜨리는 하나님의 능력이라 모든 이론을 무너뜨리며 하나님 아는 것을 대적하여 높아진 것을 다 무너뜨리고 모든 생각을 사로잡아 그리스도에게 복종하게 하니 (고후 10:4-5)

"내게 배우라"

예수님을 배우는 유일한 방법은 그분과 교제하는 시간을 많이 가지므로 예수님의 음성을 아는 것입니다. 그분과 함께하는 시간을 무거운 짐이 아니라, 하나의 축복으로 받아들이는 법을 배우십시오.

> 여호와여 주의 도를 내게 보이시고 주의 길을 내게 가르치소서 주의 진리로 나를 지도하시고 교훈하소서 주는 내 구원의 하나님이시니 내가 종일 주를 기다리나이다 (시 25:4-5)

여러분의 마음을 분산시키는 모든 장애물을 멀리하고, 사탄의 음성이나 여러분의 죄악된 본성과 반대되는 하나님의 음성을 알아듣는 데 방해가 되는 어떤 것도 용납하지 않겠다는 것을 굳게 다짐하기 바랍니다.

> 문으로 들어가는 이는 양의 목자라 문지기는 그를 위하여 문을 열고 양은 그의 음성을 듣나니 그가 자기 양의 이름을 각각 불러 인도하여 내느니라 자기 양을 다 내놓은 후에 앞서 가면 양들이 그의 음성을 아는 고로 따라오되 타인의 음성은 알지 못하는 고로 타인을 따르지 아니하고 도리어 도망하느니라…내 양은 내 음성을 들으며 나는 그들을 알며 그들은 나를 따르느니라 (요 10:2-5, 27)

성경은 전체에 걸쳐 우리에게 우리 자신이 아닌 하나님의 뜻에 따라 삶의 우선순위를 정해야 할 것을 권하고 있습니다. 그런데 이것은 우리가 예수님을 배울 때만 가능합니다. 역대하 16장 9절은 "여호와의 눈은 온 땅을 두루 감찰하사 전심으로 자기에게 향하는 자들을 위하여 능력을 베푸시나니"라고 말하고 있습니다. 마태복음 6장 33절과 잠언 31장 30절은 각각 이렇게 말하고 있습니다. "너희는 먼저 그의 나라와 그의 의를 구하라 그리하면 이 모든 것을 너희에게 더하시리라", "고운 것도 거짓되고 아름다운 것도 헛되나 오직 여호와를 경외하는 여자는 칭찬을 받을 것이라" '경외한다' 라는 말은 '두려워 떤다' 라는 뜻이 아니라, 하나님을 만물의 최고 통치자로 경배하는 것을 의미합니다.

> 너는 마음을 다하여 여호와를 신뢰하고 네 명철을 의지하지 말라. 너는 범사에 그를 인정하라 그리하면 네 길을 지도하시리라 스스

로 지혜롭게 여기지 말지어다 여호와를 경외하며 악을 떠날지어다 이것이 네 몸에 양약이 되어 네 골수를 윤택하게 하리라

(잠 3:5-8)

나는 여기에서 하나님의 말씀에 대한 올바른 지식 없이 그분의 음성을 들으려 하는 것이 얼마나 위험한지 여러분에게 주지시키고자 합니다. 혹 여러분은 몇 시간 동안을 기도했지만, 정작 자신의 기도실에서 나올 때는 거짓된 가르침이나 "귀신의 가르침"(딤전 4:1)을 갖고 나오는 자들을 본 적이 있습니까? 그렇다면 이러한 것이 어떻게 해서 가능할까요? 사탄은 자신을 "광명의 천사로"(고후 11:14) 가장(假裝)합니다. 따라서 여러분이 하나님의 말씀과 일치하지 않는 것을 발견했을 때, 올바른 지식을 통해 그것을 즉각 물리치기 위해서는 쉬지 않고 성경을 읽어야 합니다.

하나님과의 독대(獨對)

하나님께서 여러분을 따로 부르시는 것은 여러분을 훈련하고 가르치시기 위해서입니다. 하나님은 여러분이 당신의 음성을 분별하기 원하십니다. 하나님의 영이 여러분의 삶 가운데 실제 대단히 중요한 역할을 하기 원하십니다. 하나님은

이 시간에도 여러분의 삶 가운데 지혜와 지식과 진리를 부여하시므로 여러분이 성령의 인도와 지시에 온전히 의지하기를 원하십니다. 여러분은 삶 가운데 역경과 시련과 사람들로부터 배척을 당할 때도 성령을 의지하는 것이 지극히 자연스러울 만큼 하나님의 임재로 충만한 삶을 살아야 합니다.

여러분은 지금 아무도 여러분의 형편에 관심을 기울이지 않는다거나, 또는 하나님조차 여러분을 잊으신 것처럼 느껴지는 외로운 삶을 살고 있는지 모릅니다. 때로 여러분의 삶이 고독하게 느껴질 수 있지만, 하나님께서 여러분에게 그리스도의 몸 된 지체로서 당신을 위해 위대한 일을 행하도록 따로 구별하실 때가 있다는 것을 알기 원합니다. 그것은 많은 시간과 기도를 해야 한다는 점에서 고독하게 느껴질 수 있습니다. 자신과 다른 사람을 위해 기도하기 위해서는 하나님과의 철저한 약속이 필요합니다.

> 하나님의 말씀을 아는 지식은 우리가 그분의 음성을 확신하는데 도움이 됩니다.

종종 우리는 하나님과만 단둘이 있고 싶은 마음이 들 때가 있습니다. 그런가 하면 어떤 때는 쇼핑이나 외식(外食), 운동 경기의 관람과 같은 야외 활동을 하고 싶을 때도 있습니다. 여자는 특히 정서적인 도움을 위해 가까운 친구를 필요로 하도록 창조되었습니다. 따라서 여자는 단지 자신의 아픔을 함께 나눌 수 있는 절친한 친구를 필요로 할 때가 있습니다.

대부분 여성들은 마음 가운데 자신의 자녀와 가족에 대해 깊은 애착이 있습니다. 그들은 가족을 위해 매일 수고하고 희생을 감수하지만, 그것에서 커다란 만족을 느낍니다. 그러나 자신에게 고독이 엄습해 올 때는 낙심하고 방황을 합니다. 이 때 그들이 다시 제자리로 돌아가기 위해서는 하나님의 말씀이 필요합니다.

하나님의 말씀은 우리가 직면하는 모든 시련과 환란으로부터 우리를 구해줍니다. 하나님께서 만약에 여러분이 당신의 능력을 통해 이렇게 커다란 책임을 감당할 수 있다고 생각하지 않으셨다면, 여러분에게 그것을 맡기지 않으셨을 것이라는 사실을 깨달아 그분을 의지해야 합니다.

헌신적인 삶에 대한 환상

한 번은 집에서 다른 사람을 위해 간절히 중보기도하며 나의 상황에 대해 하나님의 인도를 구하고 있을 때, 그분께서 내게 헌신적인 삶에 대해 말씀하시기 시작했습니다. 나는 그 때 분명히 깨어 있었는데 하나님께서는 내게 환상을 보여주셨으며, 나는 기도하는 것들이 성경의 약속처럼 실제 그대로 이루어지는 것 같은 것을 볼 수 있었습니다. 그때 내게는 어떤 것들이 기록되어 있는 두루마리가 보였습니다. 그러나 하나님의 광채(光體)가 두루마리의 주위를 둘러싸고 있어 나는 그것을 읽을 수 없었습니다. 그때 나는 지상에서 하늘까지 계단으로 된 통로가 연결된 것을 보았습니다. 계단으로 연결된 통로 위에는 아름답고 커다란 구름이 떠 있었으며, 계단에는 많은 영화로운 천사들이 서 있었습니다. 그들의 옷은 아름답기가 마치 왕과 여왕의 옷과 같았습니다. 그리고 천사들의 손에는 쟁반이 들려 있었습니다. 쟁반은 길이와 폭이 각각 45센티, 30센티 정도 되었습니다. 각각의 쟁반 위에는 원형의 투명하고, 흰 물체가 놓여 있었습니다. 그것들은 마치 얇은 안개 조각처럼 보였는데, 너무 투명한 나머지 마치 정결한 것의 진수(眞髓)를 보는 것과 같았습니다. 그것들은 무생물체가 아니었습니다. 그것들에서는 생명체의 본질이 나오고 있음이 분명했습니다. 그것들은 아주 느린 속도로 쟁반을 가로질러 움직였지만, 절대 밖으로 떨어지지 않았습니다.

나는 천사들이 천상의 문을 통해 나가는 동안 계속 환상을 지켜보았습니다. 천사들은 하나님을 향해 노래하고 찬양했습니다. 그런데 놀랍게도, 환상을 보는 동안 그때까지 내가 겪고 있던 모든 고독감이 내게서 갑자기 사라졌습니다. 나는 자신에 대한 연민에 빠져 있었지만, 하나님은 내게 긍휼을 베푸시고 평안을 주셨던 것입니다.

그때 내게는 세 개의 커다란 제단(祭壇)이 보였습니다. 그

중 첫 번째 제단은 청동과 금으로 만든 것처럼 보였는데, 그 앞에 있는 제단은 크기는 그보다 작았지만, 매우 아름답고 화려했습니다. 그것은 돌로 만든 것처럼 보였으며 반짝이는 재질(材質)로 덮여 있었습니다. 하나님 앞에 놓여 있는 마지막 세 번째 제단은 크고 높았습니다. 그런데 첫 번째 제단에는, '헌신의 제단', 두 번째 제단에는 '속죄소' 그리고 세 번째의 제단에는 '하나님의 단'이란 글씨가 각각 쓰여 있었습니다.

하나님께서 보좌 위에 앉아 계셨지만, 그분의 얼굴이 빛과 능력으로 충만했기 때문에 나는 하나님을 볼 수가 없었습니다. 하지만, 나는 그분의 두 팔과 예복 그리고 두 손을 볼 수 있었습니다. 보좌 위에는 아름다운 흰 구름이 공기 중에 뜬 채로 멈춰 있었으며, 보좌 주위에서는 향기로운 냄새가 흘러나왔습니다. 그리고 세 개의 단으로부터 약 2미터 위에는 예수님께서 서 계셨습니다. 그분께서는 나를 등지고 계셨지만, 나는 그분이 주님이라는 것을 알 수 있었습니다.

그때 몹시 흥분한 나는 "오, 주님!"하고 큰 소리로 외쳤습니다.

천사들은 그때까지 손에 쟁반을 든 채 모두 머리를 숙이고 세 개의 제단 중에서 가장 작은 단 앞에 무릎을 꿇은 상태로 있었는데, 거기에 예수님께서 서 계셨습니다. 그때 예수님께서는 왼손을 들어 당신의 가슴 위에 얹으셨습니다. 그리고는 허리를 굽혀 헌신적인 삶을 살다가 죽은 자들을 위해 중보기도하기 시작하셨습니다. 이번에는 당신의 오른손을 천사들을 향해 펴시더니 아버지 앞에서 탄식하며 계속 기도하셨습니다. 예수님께서 기도하시는 동안 천사들은 모두 한 줄로 뒤에 서 있었으며, 내게는 그것을 쳐다보라는 음성이 들렸습니다.

나는 세 개의 제단이 있는 건너편을 보았는데, 거기에는 순금으로 만든 몇 개의 문이 달린 커다란 벽이 있었습니다. 그것들은 크기가 가로, 세로 약 60센티 정도씩 되는 비교적 작은 문으로 거기에는 각각 글씨가 쓰여 있었습니다. 문에서는 능력과 빛과 광휘(光輝)가 나왔습니다.

나는 그러한 장면을 어디선가 많이 본 것 같다는 생각이 들었습니다. 그 순간 나는 그 작은 문들이 광대(廣大)하고 장려(壯麗)한 묘(墓)안에 있는 칸막이 방과 비슷하다는 사실을 깨달았으며, 거기에는 죽은 자들의 이름이 기록되어 있었습니다. 문마다 글자가 쓰여있고, 손잡이가 달렸습니다. 이 장면을 주시해서 쳐다보는 동안, 한 천사가 내게 다음과 같이 말했습니다. "자! 하나님께서 장차 행하실 것을 보세요."

뒤를 돌아보니 예수님께서 탄식하며 기도하시던 것을 멈추었습니다. 예수님은 무릎을 꿇었다가 다시 일어나시더니 두 손을 위로 들어 올리셨습니다. 그때 아버지께서 천사를 향해 "그 헌신적인 삶을 산 자의 생명을 헌신

> 우리에게는 하나님을 향해, "당신이 기뻐하시는 것이라면 무엇이든지 하겠습니다."라고 말할 수 있는 믿음이 필요합니다.

의 제단 위에 놓아라."라고 손짓으로 말씀하셨습니다. 그때 나와 함께 있던 천사가 이렇게 말했습니다. "그것은 자아가 죽은 자의 생명입니다. 그것은 바로 저들의 헌신된 생명이지요. 천사들이 지금 그것을 이곳으로 갖고 와 하나님 앞에 있는 헌신의 제단에 놓은 것입니다. 하나님께서는 그것을 받으신 후 천사들을 통해 그것을 문 뒤에 있는 긴 서랍 속에 넣게 하실 것입니다."

천사들이 뒤로 물러나기 시작하면서 내게, "내가 헌신적인 삶을 살다가 죽은 자의 생명을 받으리라."라는 하나님의 음성이 큰 물소리처럼 들렸습니다. 천사들이 큰 소리로 외쳤으며, 예수님은 아버지를 찬양하셨습니다. 그리고 예수님과 아버지께서 함께 대화하셨습니다. 그때 두루마리 한 개가 하나님 앞에 펼쳐지면서 하나님께서 그것에 무엇인가를 쓰시자 천사들이 두루마리를 다시 둥그렇게 말았습니다. 그리고는 "문서 보관소에 보관하라."라는 음성이 들렸습니다.

그때 칼을 찬 큰 천사 중 하나가 맨 위에 있는 서랍을 열었습니다. 그리고는 헌신된 삶을 살다가 죽은 자의 생명이 놓여 있는 쟁반을 들어 올려 그것을 서랍에 넣고 문을 닫고는 거기에 이렇게 썼습니다. "받아서…승인되고…수납됨." 천사는 날짜와 시간까지 기록해 놓았습니다. 천사가 문을 닫자, 그것은 순금으로 만든 인장(印章)으로 자동 봉인되었습니다. 나는 그것을 보면서 이렇게 생각했습니다. 오, 주님, 사람들은

'헌신적인 삶'을 산다는 것이 정말 무엇인지를 모르지요. 하나님께서 진정 원하시는 것은 우리의 자아가 죽는 것입니다. 하나님께서는 우리의 죄성은 죽고, 당신의 성품과 길이 우리 안에서 살아나도록 허락하길 원하십니다. 나는 또 문에 헌신적인 삶을 살다가 죽으므로 자기의 생명이 열납되고, 하나님께서 맡기신 소명(召命)을 행한 사람들의 이름이 기록되어 있는 것을 보았습니다.

나는 이러한 장면이 몇 시간 동안 계속되는 것을 지켜보았습니다. 그러나 하나님께 드려진 생명 가운데 거절되는 경우가 종종 있었는데, 그때마다 하나님께서는 "그런 생명은 내가 받지 않겠노라."라고 말씀하셨습니다. 그러면 천사들은 고개를 숙인 채 울며 쟁반을 들고는 다시 지상으로 왔습니다. 내게는 그때, '이것은 정말 끔찍한 일이구나!' 하는 생각이 들었습니다. 나는 우리가 혼자 있는 것처럼 느껴질 때도 예수님께서 우리의 죄성(罪性)이 죽고, 우리가 하나님께 순종하기를 위해 계속 중보기도하고 계시다는 사실을 깨달았습니다.

여러분은 하나님께서 모든 것을 지켜보고 계시다는 사실을 알아야 합니다. 때로는 우리가 고독하고 따분하게 느껴질 때도 있지만, 어떠한 상황 가운데서도 우리는 하나님의 말씀 위에 굳게 서 있어야 합니다. 우리의 영혼은 하나님께 있어 대단히 소중합니다. 그분께서는 아무도 지옥에 가는 것을 원하시지 않습니다. 이러한 환상을 본 후, 나는 삶 가운데 하나님을 더욱 찾기 시작했으며, 지난날 불평했던 것을 회개했습니다.

하나님은 우리에게 풍성한 지혜와 지식을 주시되, 나 자신만의 유익을 위해서가 아니라 당신의 영광을 위해 사용하시기 위해서입니다. 하나님께서 여러분을 사용할 질그릇으로 택하셨다면, 여러분이 하나님의 소명을 완수하기 위한 헌신이 요구됩니다. 그것에는 기도와 말씀 연구 그리고 다른 사람을 위한 중보기도가 필요합니다. 이것은 여러분이 자신의 시간을 균형 있게 사용하는 법을 익혀야 한다는 것을 의미합니다. 여러분에게는 또 하나님을 향해, "하나님, 당신이 기뻐하시는 것이라면 제가 무엇이든 하겠습니다."라고 말할 수 있는 믿음이 필요합니다. 하나님은 결코 독재자가 아니십니다. 하나님은 여러분이 실의 조종에 따라서 움직이는 꼭두각시가 되는 것을 원치 않으십니다. 하나님은 여러분이 자신의 삶을 즐기고, 그분의 말씀 안에서 기뻐하기를 원하십니다.

하나님 안에서 계속 전진함

한 번은 하나님을 만나기 위해 찾으며 그분께 감사와 찬양을 돌리고 있는데, 하나님의 사자(使者)로부터 다음과 같은 음성이 들려왔습니다. "내가 사람들에게 전할 진리가 있노라." 그 순간 내게는, "누구든지 너희를 영접하지도 아니하고 너희 말을 듣지도 아니하거든 그 집이나 성에서 나가 너희 발의 먼지를 떨어 버리라"(마 10:14)라는 성경 말씀이 떠올랐습니다. 나는 헌신적인 삶과 관련해 본 절이 우리가 사람들에게 손해를 당하고, 자신에게 도저히 이해할 수 없는 일이 일어날지라도 하나님께 마음을 계속 집중하고, 그분 안에서 전진하는 것을 방해하는 어떠한 것도 결코 용납해서는 안된다는 의미로 해석하고 있습니다.

나는 발에서 먼지를 털어 버리는 사람에 대한 환상을 보았는데, 그의 발밑에서 실제 천사들이 먼지를 떼어내 용기에 넣고 있었습니다. 내가 천사들이 먼지 떼는 것을 보는 동안 그들은 용기의 뚜껑을 닫아 봉하더니 그것을 천상으로 갖고 갔습니다. 천상에는 커다란 테이블을 중심으로 많은 거룩한 사람들이 앉아 있었으며, 그들은 용기를 테이블 위에 올려놓았습니다. 용기 안에 담긴 발에서 털어낸 먼지를 꺼내자 그것은 글씨를 써 내려갔습니다. 먼지는 그동안 범한 죄들을 낱낱이 기록했는데, 그것이 바로 발에서 먼지를 털어낸 원인이었습니다.

테이블 주위에 앉아있던 거룩한 사람들은 먼지의 입자 하나까지도 읽으면서 그것을 종이에 그대로 옮겨 적었습니다. 모든 기록된 내용은 봉인되어 그것을 행한 사람들에 대한 책 속에 넣어졌습니다. 그들은 모든 기록물을 기록실로 갖고 갔으며, 거기에 있는 다른 사람들이 그것을 검토했습니다. 기록실은 마치 법정과도 같았습니다. 예수님은 그곳의 테이블에 앉아 명령을 내리시고, 각 책을 검토하신 후 다른 두루마리와 종이에 무엇인가를 써서 그것을 천사에게 주셨습니다. 그분은 또 천사들에게 지상에 내려와 우리의 기도에 응답해 줄 것을 명령하셨습니다. 이렇듯 여러분이 보는 것처럼, 성경의 모든 말씀은 대단히 중요합니다. 하나님은 우리가 하는 모든 것은 물론, 우리에게 가해지는 모든 부당한 것들까지도 지켜보고 계십니다.

하나님께 자신을 산 제물로 드리십시오.

우리는 하나님께 기도하고 그분의 인도를 구해야 합니다. 우리는 정결한 마음으로 하나님께 나아가 자신을 산 제물로 드려야 합니다.

> 그러므로 형제들아 내가 하나님의 모든 자비하심으로 너희를 권하노니 너희 몸을 하나님이 기뻐하시는 거룩한 산 제물로 드리라 이는 너희가 드릴 영적 예배니라 (롬 12:1)

Chapter 8

중보기도자의 자세와 자격

하나님은 내가 「정말 지옥은 있습니다!(A Divine Revelation of Hell)」란 책을 쓸 때 처음 내게 보여주신 것들 가운데 많은 것들을 지금까지 상기시켜 주셨습니다. 하나님은 내게 우리가 지금 당신의 가장 위대한 역사(役事)가 행해지는 시대에 살고 있지만, 동시에 하나님을 향한 경외심이 오늘날처럼 상실된 때가 없었다는 것을 계시해 주셨습니다. 세상에는 지금 온갖 타락과 증오가 만연해 있으며, 살인까지도 흔치 않게 행해지고 있습니다. 심지어는 목회자들조차 웬만한 것은 '죄로 여기지 않을' 정도입니다.

> 이 땅 백성은 포악하고 강탈을 일삼고 가난하고 궁핍한 자를 압제하고 나그네를 부당하게 학대하였으므로 이 땅을 위하여 성을 쌓으며 성 무너진 데를 막아 서서 나로 하여금 멸하지 못하게 할 사람을 내가 그 가운데에서 찾다가 찾지 못하였으므로
>
> (겔 22:29-30)

오늘날 우리에게 '무너진 성벽의 틈에 서서' 우리나라와 세계를 위해 기도할 참다운 중보기도자가 절실히 필요합니다. 중보기도자와 전능하신 하나님 사이의 통로 역할을 하는 기도에는 포로된 자를 자유케 하는 위대한 능력이 있습니다. 만약 여러분이 하나님과 대화하고 그분의 음성을 듣는 것에 습관이 되어 있는 사람을 만난다면, 그들은 믿음의 선한 싸움을 싸우기 위해 당장에라도 자기의 영적인 기도의 소매를 걷어 올릴 준비가 되어 있는 자들이라는 것을 기억하기 바랍니다.

그럼 지금부터 자신의 중보기도가 응답받기 원하는 신자들이 반드시 갖추어야 할 몇 가지의 자세와 자격에 대해 살펴보고자 합니다.

예수 그리스도 및 성령과 하나가 됨

첫째, 중보기도자는 예수님과 성령께서 우리를 위해 중재

하고 계시며, 우리가 다른 사람을 위해 기도할 때는 하나님의 뜻과 일치해야 한다는 사실을 압니다.

예수님께서 간구하심

> 예수는 영원히 계시므로 그 제사장 직분도 갈리지 아니하느니라 그러므로 자기를 힘입어 하나님께 나아가는 자들을 온전히 구원하실 수 있으니 이는 그가 항상 살아 계셔서 그들을 위하여 간구하심이라 이러한 대제사장은 우리에게 합당하니 거룩하고 악이 없고 더러움이 없고 죄인에게서 떠나 계시고 하늘보다 높이 되신 이라 (히 7:24-26)

히브리서는 우리의 대제사장이신 예수님을 "하늘에서 지극히 크신 이의 보좌 우편에 앉으셨으니"(히 8:1)라고 말하고 있습니다. 우리를 위해 자신을 희생하신 예수님은 지금 아버지께 돌아가 우리의 영적인 안전을 위해 간구하고 계십니다. 예수님께서 십자가에 달리시기 직전 아버지께 기도하신 내용이 기록된 요한복음 17장은 이것을 잘 보여주고 있습니다.

> 내가 그들을 위하여 비옵나니 내가 비옵는 것은 세상을 위함이 아니요, 내게 주신 자들을 위함이니이다 그들은 아버지의 것이로소이다 내 것은 다 아버지의 것이요 아버지의 것은 내 것이온데 내가 그들로 말미암아 영광을 받았나이다 나는 세상에 더 있지 아니

하오나 그들은 세상에 있사옵고 나는 아버지께로 가옵나니 거룩하신 아버지여 내게 주신 아버지의 이름으로 그들을 보전하사 우리와 같이 그들도 하나가 되게 하옵소서 내가 그들과 함께 있을 때에 내게 주신 아버지의 이름으로 그들을 보전하고 지키었나이다 그 중의 하나도 멸망하지 않고 다만 멸망의 자식뿐이오니 이는 성경을 응하게 함이니이다 지금 내가 아버지께로 가오니 내가 세상에서 이 말을 하옵는 것은 그들로 내 기쁨을 그들 안에 충만히 가지게 하려 함이니이다 내가 아버지의 말씀을 그들에게 주었사오매 세상이 그들을 미워하였사오니 이는 내가 세상에 속하지 아니함 같이 그들도 세상에 속하지 아니함으로 인함이니이다 내가 비옵는 것은 그들을 세상에서 데려가시기를 위함이 아니요 다만 악에 빠지지 않게 보전하시기를 위함이니이다 내가 세상에 속하지 아니함 같이 그들도 세상에 속하지 아니하였사옵나이다 그들을 진리로 거룩하게 하옵소서 아버지의 말씀은 진리니이다 아버지께서 나를 세상에 보내신 것 같이 나도 그들을 세상에 보내었고, 또 그들을 위하여 내가 나를 거룩하게 하오니 이는 그들도 진리로 거룩함을 얻게 하려 함이니이다 내가 비옵는 것은 이 사람들만 위함이 아니요 또 그들의 말로 말미암아 나를 믿는 사람들도 위함이니 아버지여, 아버지께서 내 안에, 내가 아버지 안에 있는 것 같이 그들도 다 하나가 되어 우리 안에 있게 하사 세상으로 아버지께서 나를 보내신 것을 믿게 하옵소서 내게 주신 영광을 내가 그들에게 주었사오니 이는 우리가 하나가 된 것 같이 그들도 하나

> 가 되게 하려 함이니이다 곧 내가 그들 안에 있고 아버지께서 내 안에 계시어 그들로 온전함을 이루어 하나가 되게 하려 함은 아버지께서 나를 보내신 것과 또 나를 사랑하심 같이 그들도 사랑하신 것을 세상으로 알게 하려 함이로소이다 아버지여 내게 주신 자도 나 있는 곳에 나와 함께 있어 아버지께서 창세 전부터 나를 사랑하시므로 내게 주신 나의 영광을 그들로 보게 하시기를 원하옵나이다 (요 17:9-24)

예수님은 ① 당신께서 아버지와 하나가 되신 것처럼 믿는 자들이 서로 하나가 되어 살고, ② 우리로 당신과 똑같은 기쁨을 갖게 하시며, ③ 악으로부터 보존되고, ④ 하나님의 진리로 거룩해 지며, ⑤ 다른 믿는 자들과 아버지 그리고 아들과 더불어 하나가 되며, ⑥ 이러한 하나 됨을 통해 세상에 복음의 진리를 전하고, ⑦ 장차 예수님과 함께 거하고 그분의 영광을 볼 수 있기를 위해 기도하셨습니다.

마찬가지로 우리도 기도할 때, 자신과 다른 사람을 위해 이렇게 기도해야 합니다. 예수님은 우리가 당신의 이름으로 아버지께 기도할 때, 우리의 간구가 응답받게 된다고 말씀하셨습니다.

> 우리가 무슨 말을 해야 할지 알지 못할 때, 성령께서 우리를 대신해 간구하십니다.

진실로 다시 너희에게 이르노니 너희 중의 두 사람이 땅에서 합심하여 무엇이든지 구하면 하늘에 계신 내 아버지께서 그들을 위하여 이루게 하시리라 두세 사람이 내 이름으로 모인 곳에는 나도 그들 중에 있느니라 (마 18:19-20)

내가 진실로 진실로 너희에게 이르노니 나를 믿는 자는 내가 하는 일을 그도 할 것이요 또한 그보다 큰 일도 하리니 이는 내가 아버지께로 감이라 너희가 내 이름으로 무엇을 구하든지 내가 행하리니 이는 아버지로 하여금 아들로 말미암아 영광을 받으시게 하려 함이라 내 이름으로 무엇이든지 내게 구하면 내가 행하리라

(요 14:12-14)

너희가 나를 택한 것이 아니요 내가 너희를 택하여 세웠나니 이는 너희로 가서 열매를 맺게 하고 또 너희 열매가 항상 있게 하여 내 이름으로 아버지께 무엇을 구하든지 다 받게 하려 함이라

(요 15:16)

성령께서 간구하심

성경은 또 성령께서 우리를 위해 간구하고 계시다는 것을 분명히 말하고 있습니다.

이와 같이 성령도 우리의 연약함을 도우시나니 우리는 마땅히 기

> 도할 바를 알지 못하나 오직 성령이 말할 수 없는 탄식으로 우리를 위하여 친히 간구하시느니라 마음을 살피시는 이가 성령의 생각을 아시나니 이는 성령이 하나님의 뜻대로 성도를 위하여 간구하심이니라 (롬 8:26-27)

우리가 무슨 말을 해야 할지 알지 못할 때, 성령께서 우리를 대신해 간구하십니다. 성령은 만약에 우리가 무엇을, 어떻게 기도해야 할지 안다면 하게 될 것을 우리를 대신해 하나님께 말씀하십니다. 이처럼 성령께서 우리를 도우시기에 우리는 기도하는 것을 결코 어렵게 생각해서는 안됩니다.

우리도 간구해야 함

예수님과 성령께서 우리의 영적인 능력과 성공을 간구하고 있다는 사실을 아는 우리는 하나님의 나라가 임하고, 그분의 뜻이 하늘에서 이루어진 것처럼 땅에서도 이루어지기를 위해 기도해야 합니다(마 6:10). 여러분이 자신과 다른 사람의 삶 가운데 필요한 것들을 구할 때는 성령께서 주시는 기도 언어인 "사람의 방언과 천사의 말"(고전 13:1)을 통해 기도할 수 있도록 하나님께 성령 세례를 주실 것을 간구하기 바랍니다(막 16:17, 행 2:1-11, 고전 12:5-11, 14:39).

사도 바울은 이렇게 말했습니다.

> 내가 영으로 기도하고 또 마음으로 기도하며 내가 영으로 찬송하
> 고 또 마음으로 찬송하리라 (고전 14:15)

하나님 나라가 임하고, 그분의 뜻이 하늘에서 이루어진 것처럼 땅에서도 이루어지기를 위해 중보기도하십시오.

우리는 하나님의 뜻대로 기도하고, 성령께서 우리를 통해 옳은 것을 말씀하시도록 간구해야 합니다. 우리는 또 자신을 하나님께 온전히 드려야 하며, 그분을 믿고 의지하므로 성령께서 우리를 위해 기도하시도록 허락해야 합니다.

> 사랑하는 자들아 너희는 너희의 지극히 거룩한 믿음 위에 자신을
> 세우며 성령으로 기도하며 하나님의 사랑 안에서 자신을 지키며
> 영생에 이르도록 우리 주 예수 그리스도의 긍휼을 기다리라
> (유 1:20-21)

> 모든 기도와 간구를 하되 항상 성령 안에서 기도하고 이를 위하여
> 깨어 구하기를 항상 힘쓰며 여러 성도를 위하여 구하라 (엡 6:18)

자원하는 마음과 신실

훌륭한 중보기도자는 세상에서 하나님의 사역이 성취되기를 위해 기꺼이 기도하되 매우 신실하게 합니다. 그들은 성경이 권하는 것처럼 항상 기도할 준비가 되어 있는 자들입니다.

소망 중에 즐거워하며 환난 중에 참으며 기도에 항상 힘쓰며
(롬 12:12)

아무 것도 염려하지 말고 다만 모든 일에 기도와 간구로, 너희 구할 것을 감사함으로 하나님께 아뢰라 (빌 4:6)

기도를 계속하고 기도에 감사함으로 깨어 있으라 (골 4:2)

쉬지 말고 기도하라 (살전 5:17)

그러므로 각처에서 남자들이 분노와 다툼이 없이 거룩한 손을 들어 기도하기를 원하노라 (딤전 2:8)

한번은 미시간 주에서 살 때 다른 사람을 위해 간절히 기도하고 있는데 사람이 하나 차 안에 끼인 채 자동차가 전복(顚覆)된 환상이 보였습니다. 나는 그가 누군지 볼 수 없었지

만, 내가 바로 그 사람을 위해 기도하고 있다는 사실을 알았습니다. 나는 그날 거의 6시간 동안을 기도했는데, 기도가 끝난 후 다시 일상생활로 돌아갔습니다. 하지만 나머지 하루 동안 기도에 대한 생각이 머리에서 떠나지 않았습니다.

그로부터 얼마 후 나는 친척들을 방문할 기회가 있었는데, 우리는 서로 자기가 경험한 환상과 꿈에 대해 이야기했습니다. 내가 그들에게 위에서 말한 기도할 때 본 전복된 자동차에 대한 이야기를 들려주자 친척 가운데 하나가 이렇게 말하는 것이었습니다. "그게 바로 나였어요! 그것은 위에 포장이 달린 컨버터블형의 차였는데, 진흙 속에서 갑자기 뒤집혔지요. 나는 그때 차 안에 갇혀 숨조차 쉴 수가 없었지요. 거의 죽기 직전의 상태였는데, 갑자기 어떤 것이 내 몸에서 차를 들어 올리는 것을 느끼면서 진흙탕 속을 기어 도로로 나올 수 있었지요!"

그 순간 나는, "주님, 저를 통해 기도하게 하신 은혜에 감사를 드립니다." 하고 하나님께 고마움을 표했습니다. 그런데 내 주위에 있던 사람들은 모두가 그 위기의 순간에 주의 천사가 친척에게서 차를 들어 올렸다는 것을 알았습니다. 하지만, 그처럼 엄청난 사고임에도 친척은 특별한 부상이 없이 병원에서 퇴원하는 기적을 체험했습니다.

여러분은 이제 기도할 때 ―특별히 하나님께서 여러분에게 환상을 보여주실 때― 신실하게 하는 것이 중요한 이유를 이해할 수 있을 것입니다. 행여 여러분이 그것을 느끼지 못할지라도, 누군가의 생명이 여러분의 순종에 달렸있을 수 있다는 사실을 깨달아 하나님께 간절히 부르짖어야 합니다.

하나님께 대한 경외와 의로움

앞에 있는 장들에서 우리는 정결한 마음의 필요성에 대해 말했지만, 기도 응답을 위해서는 의로운 마음 역시 반드시 필요하다는 사실을 언급하지 않을 수가 없습니다. "의인의 간구는 역사하는 힘이 큼이니라"(약 5:16) 하나님의 뜻이 땅에서 이루어지기를 위해 기도하는 자는 그분의 이름을 경외하고, 그분과의 의로운 관계를 유지합니다.

> 여호와여 주의 도를 내게 가르치소서 내가 주의 진리에 행하오리니 일심으로 주의 이름을 경외하게 하소서 주 나의 하나님이여 내가 전심으로 주를 찬송하고 영원토록 주의 이름에 영광을 돌리오리니 (시 86:11-12)

> 우리는 살아 계신 하나님의 성전이라 이와 같이 하나님께서 이르시되 내가 그들 가운데 거하며 두루 행하여 나는 그들의 하나님이 되고 그들은 나의 백성이 되리라 그러므로 너희는 그들 중에서 나

와서 따로 있고 부정한 것을 만지지 말라 내가 너희를 영접하여 너
희에게 아버지가 되고 너희는 내게 자녀가 되리라 전능하신 주의
말씀이니라 하셨느니라 그런즉 사랑하는 자들아 이 약속을 가진
우리는 하나님을 두려워하는 가운데서 거룩함을 온전히 이루어 육
과 영의 온갖 더러운 것에서 자신을 깨끗하게 하자 (고후 6:16-7:1)
주의 눈은 의인을 향하시고 그의 귀는 의인의 간구에 기울이시되
주의 얼굴은 악행하는 자들을 대하시느니라 (벧전 3:12)

하나님에 대한 지식과
하나님 안에서의 자신에 대한 지식

훌륭한 중보기도자는 예수 그리스도로 말미암은 하나님 안에서의 자신의 신분과 하나님을 아는 지식의 중요성을 인식합니다. 우리는 열왕기상 18장 20-40절에서 엘리야와 바알의 선지자들이 갈멜산 상에서 누가 참 하나님인지를 가리는 장면을 보게 됩니다. 그때 이스라엘 백성은 거짓 신을 숭배하고 있었습니다. 그들은 겉으로는 살아계신 하나님의 백성이 되기를 원하는 것처럼 보였지만, 실제는 우상을 섬겼습니다. 엘리야는 그들에게 다음과 같이 요구했습니다.

엘리야가 모든 백성에게 가까이 나아가 이르되 너희가 어느 때까

> 지 둘 사이에서 머뭇머뭇 하려느냐 여호와가 만일 하나님이면 그를 따르고 바알이 만일 하나님이면 그를 따를지니라 하니 백성이 말 한 마디도 대답하지 아니하는지라 (왕상 18:21)

여러분은 자기가 섬기는 하나님이 어떤 분이라는 것을 안다면, 자신의 생각을 절대 바꾸려 하지 않는 사람들과 뜨거운 논쟁에 휩쓸리는 일이 결코 없을 것입니다. 대신 여러분은 자신을 통해 그리스도의 생애가 빛나고, 복음의 진리를 전하는 일에 힘쓸 것입니다. 마찬가지로, 엘리야는 하나님의 능력이 나타나 그분을 증거 했습니다. 그것을 위한 대담한 방법으로 그는 한 가지 도전장을 제시했습니다. 엘리야와 바알 선지자들은 각자 자기들의 단에 희생 제물을 바치기로 했습니다. 그리고는 하늘로부터 불이 내려와 제물을 태우는 신을 살아계신 참 하나님으로 섬기기로 했습니다.

엘리야가 바알 선지자들에게 먼저 할 것을 제안했습니다. 그들은 있는 힘을 다해 바알의 이름을 불렀지만, 아무런 결과도 나타나지 않았습니다. 그러나 엘리야는 그 정도로 충분하지 않았던지, 바알 선지자들과의 대결로 생긴 희생 제물과 단 주위의 도랑을 물로 채웠습니다. 그러나 물로도 엘리야가 바친 희생 제물이 여호와의 불에 타는 것을 막

> 자신을 통해 그리스도의 생애가 빛나고, 복음의 진리를 전하는 데 힘쓰십시오.

을 수 없었습니다.

> 이에 여호와의 불이 내려서 번제물과 나무와 돌과 흙을 태우고 또 도랑의 물을 핥은지라 모든 백성이 보고 엎드려 말하되 여호와 그는 하나님이시로다 여호와 그는 하나님이시로다 (왕 18:38-39)

여러분은 하나님의 능력과 위대하심을 알고 있습니까? 여러분은 예수 그리스도를 통해 하나님의 자녀가 된 자신이 어떤 사람이라는 것을 아십니까? 바울은 다음과 같이 기록하고 있습니다. "너희도 그 안에서 충만하여졌으니 그는 모든 통치자와 권세의 머리시라"(골 2:10), "끝으로 너희가 주 안에서와 그 힘의 능력으로 강건하여지고"(엡 6:10) 다른 사람을 위해 기도하는 중보기도자가 싸움에 이기는 것은 하나님의 전능한 말씀과 성령의 능력 때문입니다.

> 우리의 싸우는 무기는 육신에 속한 것이 아니요 오직 어떤 견고한 진도 무너뜨리는 하나님의 능력이라 (고후 10:4)

> 그가 내게 대답하여 이르되 여호와께서 스룹바벨에게 하신 말씀이 이러하니라 만군의 여호와께서 말씀하시되 이는 힘으로 되지 아니하며 능력으로 되지 아니하고 오직 나의 영으로 되느니라 (슥 4:6)

중보기도자에게는, "하나님께서 말씀하셨다면, 아무것도 문제가 없다"라는 확신이 자리를 잡고 있습니다. 이스라엘 군대를 위협하는 골리앗을 대할 때의 다윗의 태도가 바로 그러했습니다. 그는 이렇게 말했습니다.

> 이 할례 받지 않은 블레셋 사람이 누구이기에 살아 계시는 하나님의 군대를 모욕하겠느냐 (삼상 17:26)

첫째, 다윗은 자기가 에스겔처럼 전능하시고 살아계신 하나님을 섬기는 자라는 것을 알았습니다. 성경은 이렇게 말하고 있습니다.

> 그 앞에서 히스기야가 기도하여 이르되 그룹들 위에 계신 이스라엘의 하나님 여호와 주는 천하 만국에 홀로 하나님이시라 주께서 천지를 만드셨나이다 (왕하 19:15)

둘째, 다윗은 하나님께서 당신의 백성을 위해 대신 싸우고 계시다는 사실을 알았습니다.

> 영원하신 하나님이 네 처소가 되시니 그의 영원하신 팔이 네 아래에 있도다 그가 네 앞에서 대적을 쫓으시며 멸하라 하시도다
>
> (신 33:27)

다윗은 블레셋 사람이 감히 하나님의 백성에게 도전하자 심한 모욕감을 느꼈습니다. 다시 말해, 다윗은 이렇게 생각했습니다. '하나님을 두려워하지 않으니 그분의 백성을 무시하지!' 그러나 한 가지 문제는 하나님의 백성이 그분 안에서 자기들이 가진 능력을 알지 못했을 뿐 아니라, 자기들의 신분에 대한 확신이 없었다는 것입니다. 이것과 똑같은 안타까운 상황이 오늘날의 많은 성도들 사이에서도 그대로 나타나고 있습니다. 만약 여러분이 예수 그리스도로 말미암아 오는 자신의 능력에 대해 확신이 없다면, 여러분은 삶 가운데 나타나는 골리앗을 물리치지 못하고 그것들에게 계속 패하게 될 것입니다.

기도는 사탄의 계교(計巧)에 대항하는 우리의 무기입니다. 골리앗과 싸워 그를 물리친 다윗의 용기처럼, 우리도 하나님께 속한 자들을 향해 감히 도전하는 사탄의 세력에 담대하게 대항해야 합니다. 나는 여러분이 다윗과 같은 믿음을 갖기 바랍니다. 사탄이 어떠한 방법으로 여러분에게서 마음의 평안을 빼앗아 가고 다른 사람들을 해할지라도, 여러분에게는 사탄을 똑바로 바라보고 다음과 같이 말할 수 있는 용기가 필요합니다.

> 만약 여러분이 예수 그리스도로 말미암아 오는 자신의 능력에 대해 확신이 없다면, 여러분은 삶 가운데 나타나는 골리앗을 물리치지 못하고 그것들에게 계속 패하게 될 것입니다.

다윗이 블레셋 사람에게 이르되 너는 칼과 창과 단창으로 내게 나아오거니와 나는 만군의 여호와의 이름 곧 네가 모욕하는 이스라엘 군대의 하나님의 이름으로 네게 나아가노라 오늘 여호와께서 너를 내 손에 넘기시리니 내가 너를 쳐서 네 목을 베고 (삼상 17:45-46)

믿음

기도 응답을 위해 필요한 또 한 가지의 요소는, 믿음으로 하나님의 말씀을 통해 그분이 누구라는 것을 아는 지식에서 옵니다. "믿음은 들음에서 나며 들음은 그리스도의 말씀으로 말미암았느니라"(롬 10:17). 우리는 원수를 물리칠 때, 그것에 대한 해결책이 영적 깊은 어떤 신비한 것에 있다고 생각하거나, 또는 자신을 위해 기도하는 가운데 하나님께 나아가는 대신 다른 것에서 능력을 찾는 경우가 많습니다. 믿음은 위대한 기도의 능력을 갖춘 자와 자기를 위해 기도해줄 사람을 항상 찾아다니는 자들을 구분해 주는 한 가지 요소가 됩니다.

> 신자는 세상의 지혜뿐 아니라, 하나님께서 계시하시는 완전한 환상을 의지해야 합니다.

묵시가 없으면 백성이 방자히 행하거니와 율법을 지키는 자는 복

이 있느니라 (잠 29:18)

믿는 우리는 세상의 지혜뿐 아니라, 하나님께서 계시하시는 완전한 환상을 의지해야 합니다.

믿음은 바라는 것들의 실상이요 보이지 않는 것들의 증거니 (히 11:1)

우리는 하나님의 뜻을 아는 데 있어 자신의 눈과 귀를 의지해서는 안됩니다. 우리는 하나님과 영적으로 교제하고, 그분의 말씀을 통해 하나님을 아는 것이 필요합니다.

믿음이 충만한 기도에는 능력이 따릅니다.

예수께서 대답하여 이르시되 내가 진실로 너희에게 이르노니 만일 너희가 믿음이 있고 의심하지 아니하면 이 무화과나무에게 된 이런 일만 할 뿐 아니라 이 산더러 들려 바다에 던져지라 하여도 될 것이요 너희가 기도할 때에 무엇이든지 믿고 구하는 것은 다 받으리라 하시니라 (마 21:21-22)

긍휼

긍휼히 여기는 마음 역시 기도 응답을 위해 반드시 필요한 요소 가운데 하나입니다. 예수님은 긍휼히 여기는 마음에서 영적으로 주린 자를 가르치시고, 육적으로 배고픈 자를 먹이셨으며 병든 자를 치료하시고, 억눌린 자를 자유케 하셨습니다. 성경은 다음과 같이 기록하고 있습니다.

> 무리를 보시고 불쌍히 여기시니 이는 그들이 목자 없는 양과 같이 고생하며 기진함이라 이에 제자들에게 이르시되 추수할 것은 많되 일꾼이 적으니 그러므로 추수하는 주인에게 청하여 추수할 일꾼들을 보내 주소서 하라 하시니라 (마 9:36-38)

> 예수께서 나오사 큰 무리를 보시고 불쌍히 여기사 그 중에 있는 병자를 고쳐 주시니라 (마 14:14)

> 맹인 두 사람이 길 가에 앉았다가 예수께서 지나가신다 함을 듣고 소리 질러 이르되 주여 우리를 불쌍히 여기소서 다윗의 자손이여 하니 무리가 꾸짖어 잠잠하라 하되 더욱 소리 질러 이르되 주여 우리를 불쌍히 여기소서 다윗의 자손이여 하는지라 예수께서 머물러 서서 그들을 불러 이르시되 너희에게 무엇을 하여 주기를 원하느냐 이르되 주여 우리의 눈 뜨기를 원하나이다 예수께서 불쌍히 여기사 그들의 눈을 만지시니 곧 보게 되어 그들이 예수를 따르니라 (마 20:30-34)

> 예수께서 배에 오르실 때에 귀신 들렸던 사람이 함께 있기를 간구하였으나 허락하지 아니하시고 그에게 이르시되 집으로 돌아가 주께서 네게 어떻게 큰 일을 행하사 너를 불쌍히 여기신 것을 네 가족에게 알리라 하시니 (막 5:18-19)

> 성문에 가까이 이르실 때에 사람들이 한 죽은 자를 메고 나오니 이는 한 어머니의 독자요 그의 어머니는 과부라 그 성의 많은 사람도 그와 함께 나오거늘 주께서 과부를 보시고 불쌍히 여기사 울지 말라 하시고 가까이 가서 그 관에 손을 대시니 멘 자들이 서는지라 예수께서 이르시되 청년아 내가 네게 말하노니 일어나라 하시매 죽었던 자가 일어나 앉고 말도 하거늘 예수께서 그를 어머니에게 주시니 (눅 7:12-15)

리젠트 대학교(Regent University)의 명예신학교수인 J. 로드만 윌리암스(J. Rodman Williams)는 "긍휼히 여기는 마음이야말로 기적이 나타나는 원천"[6]이라고 말했습니다. 우리는 예수님께서 하늘에 계신 아버지의 긍휼히 여기는 마음을 보여주신 것처럼 그분을 따르고, 긍휼히 여기는 마음으로 다른 사람을 위해 기도해야 합니다.

---

[6] J. Rodman Williaams, Great Themes of the Book II, audio portion, Living by the Book Series, CBN(Christian Broadcasting Network).

> 그러나 주여 주는 긍휼히 여기시며 은혜를 베푸시며 노하기를 더
> 디하시며 인자와 진실이 풍성하신 하나님이시오니 (시 86:15)

오래 참음과 인내

진정한 중보기도자는 오래 참고 인내합니다. 때로 여러분이 믿음의 길에서 방황하고 넘어진다 할지라도, 하나님을 완전히 떠난다거나 믿음을 포기해서는 안됩니다. 여러분이 어떠한 상황에 처하든, 하나님께서는 모든 문제에 대한 해결책을 갖고 계십니다. 그러므로 하나님께 나아가십시오. 하나님은 여러분이 여러분을 넘어뜨리려 하는 모든 장애물을 극복하고, 물리치게 해주실 것입니다.

> 하나님께 나가십시오. 그분께서는 여러분이 장애물을 물리치도록 해주실 것입니다.

성경은 결코 극복할 수 없을 것처럼 보이는 장애물을 인내와 기도의 능력을 통해 물리친 위대한 남녀 인물들에 대한 이야기로 가득합니다. 창세기 18장에는 소돔 백성의 죄악이 극에 달하므로 하나님께서 그곳을 멸하려 하신 내용이 기록되어 있습니다. 사람들은 소돔 성의 거민들로 인해 당한 위해(危害)와 부당성을 하나님께 부르짖었습니다(창 18:20-21).

아브라함은 소돔 성을 멸하려 하는 하나님의 계획을 들었

을 때, 그곳의 의로운 자들을 위해 하나님께 애원했습니다.

> 가까이 나아가 이르되 주께서 의인을 악인과 함께 멸하려 하시나이까 그 성 중에 의인 오십 명이 있을지라도 주께서 그 곳을 멸하시고 그 오십 의인을 위하여 용서하지 아니하시리이까
> (창 18:23-24)

아브라함은 하나님께 의인의 수를 처음 50명에서 시작하여 45명, 40명, 30명, 20명 마침내 10명으로 줄이며 만약에 소돔 성에 의인이 있어도 그곳을 멸하실 것인지의 여부를 계속 물었습니다. 그때마다 하나님은 아브라함에게 그가 제시한 수의 의인이 소돔 성에 살고 있다면 그곳을 멸하시지 않겠다는 것을 말씀하셨습니다.

아브라함은 자비로우신 하나님께서 부당한 이유로 성읍을 멸하시지 않으리라는 것을 알았습니다. 마침내 그곳에는 열 명의 의인도 있지 않다는 사실이 드러났습니다. 그러나 아브라함과 긴밀한 교제를 하셨던 하나님께서 아브라함의 간구에 응답하여 그의 조카 롯과 가까운 가족들의 목숨은 남겨두었습니다(창 18:17-19).

> 하나님이 그 지역의 성을 멸하실 때 곧 롯이 거주하는 성을 엎으실 때에 하나님이 아브라함을 생각하사 롯을 그 엎으시는 중에서

내보내셨더라 (창 19:29)

사람들 가운데는 우리의 끊임없는 기도가 필요한 자들이 있습니다. 바울은 골로새 교회 성도들에게 자신의 동역자인 에바브라에 대해 다음과 같은 내용의 편지를 썼습니다.

> 그리스도 예수의 종인 너희에게서 온 에바브라가…그가 항상 너희를 위하여 애써 기도하여 너희로 하나님의 모든 뜻 가운데서 완전하고 확신 있게 서기를 구하나니 (골 4:12)

에바브라는 골로새 교회의 성도들이 영적으로 자라고, 하나님 안에서 굳게 서며 그분께 온전히 순종하기를 위해 '열심히' 기도했습니다.

누가복음 18장에 기록되어 있는 과부의 비유는 예수님께서 보여주신 쉬지 않고 부르짖는 기도에 대한 가장 모범적인 기도 가운데 하나가 됩니다.

> 항상 기도하고 낙심하지 말아야 할 것을 비유로 말씀하여 이르시되 어떤 도시에 하나님을 두려워하지 않고 사람을 무시하는 한 재판장이 있는데 그 도시에 한 과부가 있어 자주 그에게 가서 내 원수에 대한 나의 원한을 풀어 주소서 하되 그가 얼마 동안 듣지 아니하다가 후에 속으로 생각하되 내가 하나님을 두려워하지 않고

<blockquote>
사람을 무시하나 이 과부가 나를 번거롭게 하니 내가 그 원한을 풀어 주리라 그렇지 않으면 늘 와서 나를 괴롭게 하리라 하였느니라 주께서 또 이르시되 불의한 재판장이 말한 것을 들으라 하물며 하나님께서 그 밤낮 부르짖는 택하신 자들의 원한을 풀어 주지 아니하시겠느냐 그들에게 오래 참으시겠느냐 내가 너희에게 이르노니 속히 그 원한을 풀어 주시리라 그러나 인자가 올 때에 세상에서 믿음을 보겠느냐 하시니라 (눅 18:1-8)
</blockquote>

누가는 예수님께서 이러한 비유를 주신 것은 "항상 기도하고 낙심하지 말아야 할 것을"(눅 18:1) 강조하시기 위해서였다는 것을 말하고 있습니다. 예수님은 과부가 포기하지 않으므로 인해 받은 상급에 대해 언급하셨습니다. 과부는 비록 '불의한 재판장' 이지만 끝까지 포기하지 않고 그에게 억울한 사정을 호소하므로 자신의 강청(强請)에 대한 응답을 얻어냈습니다. 많은 사람들이 하나님의 응답이 임할 때까지 기다리지 않으므로 그분께서 주시는 축복의 기회를 놓치고 있습니다. 결국, 예수님은 이렇게 말씀하셨습니다. "불의한 재판장이라도 과부의 청을 들어 줄진 데, 하물며 우리의 의로운 재판관이시며 하늘에 계신 거룩하신 아버지께서 우리의 간구를 들어주시지 않겠느냐?"

> 사람들은 하나님의 응답이 임할 때까지 기다리지 않으므로 축복의 기회를 놓치고 있습니다.

한번은 우리 집에 현금이 굉장히 필요해 땅을 팔려고 내놓은 적이 있었습니다. 그러나 거래를 하려고 할 때마다 마귀가 나타나 사람이 아프거나, 돈이 준비되지 않는 등의 이유로 훼방해 계약이 성사되지 않았습니다. 마귀는 계속 우리를 경제적인 궁지에 몰아넣고자 필사적인 노력을 했습니다. 그때 우리에게는 포기하지 말고 계속 전진해야 한다는 교훈을 깨닫는 것이 필요했습니다.

우리는 어떠한 상황에서도 포기하지 않고 계속 나아가야 합니다. 여러분은 마귀의 머리를 치는 영적인 망치가 되어야 합니다. 마귀는 여러분의 말을 쉽게 듣지 않을 것입니다. 따라서 여러분은 계속 하나님의 말씀을 통해 마귀를 공격해야 합니다.

우리가 계속 하나님을 찾고 예수 그리스도의 이름으로 마귀를 물리칠 때, 우리에게는 불가능한 것이 없습니다. 우리는 인내할 때 범사가 형통하고 승리하게 됩니다. 우리는 물질적으로만 번성할 뿐 아니라, 영적으로도 형통하게 됩니다. 하나님께서는 마귀가 우리를 공격하는 것을 결코 허락하지 않으실 것입니다.

우리가 하나님을 향한 믿음과 순종을 통해 갖게 되는 태도와 자질은 기도 응답을 위해 반드시 필요한 요소입니다. 그러므로 우리가 하나님께서 원하시는 중보기도자가 되기 위해서는 이러한 영역들을 더욱 개발시켜 실천해야 합니다.

Chapter 9

구원과
기도 응답에 대한 환상

나의 머리속에는 몇 년 전 하나님께서 보여주신 환상들에 대한 기억이 지금까지 매우 생생하게 남아 있습니다. 하나님께서는 매일 밤 내가 잠자고 있을 때 내게 찾아와 놀라운 계시를 보여주셨습니다. 이미 출간된 책들 속에서 묘사한 것처럼, 나는 30일 동안을 매일 밤 3시간씩 예수님의 손에 이끌려 지옥에 가서 죽은 자들 사이를 걸어 다녔습니다. 그리고 그다음 10일 동안은 매일 밤 3시간씩 예수님과 함께 천국에 갔습니다. 그런데 예수님께서 내게 계시하신 것들 가운데 하나는 마귀가 우리 가족을 멸하기 위해 악마들에게 세상에 가라고 명하는 방법을 보여준 것이었습니다. 예를 들면, 여러분의 친척 가운데 하나님 안에서 막 자라며 자신의 죄에서 벗어나려는 사람이 있으면 악마는 그가 물질적인 손실과 사고를 당하거나, 혹은 그 밖의 삶 가운데 일어날 수 있는 온갖 종류의 재앙을 통해 어떻게든 그를 넘어뜨리려 합니다. 악한 사탄의 영은 여러분이 사랑하는 가족을 하나님께 인도하기 위해 기도할 때, 그것을 방해하고자 모든 가능한 수단을 동원합니다.

하나님은 우리가 어떠한 상황 가운데서도 포기해서는 안 된다는 사실을 알기 원하십니다. 우리는 자신을 위해 기도하는 것을 포기해서도 안되지만, 사랑하는 가족을 위해 중보기도하는 것을 중단해서도 안됩니다. 우리는 그들이 하나님의 놀라운 빛에 대한 지식을 온전히 깨달아 구원받고 새롭게 될 때까지 쉬지 말고 기도해야 합니다.

다른 사람이 무엇을 하고 어떻게 하든, 여러분은 하나님께 그들에 대한 심판을 구해서는 결코 안됩니다. 여러분은 정결하고, 순수한 마음으로 하나님께 나아가야 합니다. 여러분은 하나님의 긍휼을 구하고, 하나님께서 그들을 인도해 주시기를 기도해야 합니다. 여러분은 하나님께 흑암 가운데서도 당신의 빛을 비추시고, 악한 사탄의 왕국의 역사를 멸하시기를 위해 기도해야 합니다. 여러분은 사람을 저주할 것이 아니라, 그들을 지배하는 악한 영을 물리쳐 달라고 기도해야 합니다. 다시 말해, 여러분은 하나님께 그들을 괴롭히는 어두운 영적 세력을 물리쳐 달라고 기도해야 합니다. 하나님은 미국은 물론 세계 전역에 걸쳐 영적 구원과 부흥, 그리고 고통으로부터의 해방과 치유(治癒)가 나타나기를 위해 우리가 계속 기도하길 원하십니다.

하나님의 사자가 우리를 대신하여 싸움

나는 환상 가운데, 우리가 기도를 통해 하나님을 간절히 찾을 때 우리를 구원하기 위해 오는 사자(使者)들의 인도를 받으며 하늘에서 병거가 오는 것을 보았습니다. 맹렬하게 보이는 이러한 전쟁의 사자들은 하나님의 뜻을 이루기 위한 목적에 모든 초점을 두고 있으며, 우리를 위해 마귀들을 상대로 격렬하게 싸우고 있습니다. 그들은 철로 만든 강한 턱과 불꽃 같은 눈을 갖고 있습니다. 그들의 전투복은 금속과 철 그리고 그 밖의 정체를 알 수 없는 재료로 만들어졌습니다. 하나님의 이러한 사자들은 지구상의 어디든 가고 있습니다. 그들은 자기들의 커다란 화염검(火焰劍)을 통해 세상의 악과 흑암의 세력을 멸하고 있습니다.

하나님의 사자와 싸우는 사탄의 세력

우리는 앞에서 다니엘에게 하나님의 메시지를 전한 사자가 자기를 반대하는 악한 세력들 때문에 도착이 지체된 이유를 설명한 사건에 대해 살펴보았습니다. 마귀는 천사가 하나님의 메시지를 그분의 백성에게 전할 때 그것을 방해하기 위해 종종 그들을 곤경에 처하게 할 때가 있습니다. 중보기도할 때 인내심이 중요한 것이 바로 그러한 이유 때문입니다.

> 우리의 싸움은 대개가 물리적 싸움이 아니라, 영적 싸움입니다.

종종 하나님은 여러분을 기도하게 하기 위해 한밤 중에도 잠에서 깨우실 때가 있습니다. 처음에는 여러분이 무엇을 위해 기도하는지 전혀 모를 수 있지만, 실제는 여러분의 기도를 통해 자신은 물론 여러분을 위해서 중보기도하는 자들이 하나님의 조건없는 은혜로 말미암아 응답과 구원을 받을 수 있는 하늘에서 지상에 이르기까지 자유로운 통로가 열리게 됩니다. 우리는 기도할 때, 하나님께서 우리의 기도를 듣고 응답해 주신다는 사실을 기억해야 합니다. 그러나 하나님의 권능과 사탄의 세력 사이에 존재하는 영적 세계의 싸움 때문에 기도 응답이 가시적으로 나타나기까지는 오랜 시간이 걸릴 수 있습니다. 따라서 우리는 기도하는 것을 결코 포기해서는 안됩니다.

나는 「구원의 비밀(A Divine Revelation of Deliverance)」 이란 책에서 기술한 것처럼, 기도할 때 하늘에 커다란 벌집처럼 보이는 환상이 나타나는 것을 여러 차례에 걸쳐 보았습니다. 벌집 안에는 사탄의 세력에 의해 천사들이 갇혀 있었습니다. 나는 중보기도 동역자들에게 반복해서 나타나는 환상에 대해 함께 기도해 달라고 요청했습니다. 중보기도자들 중에도 똑같은 환상을 본 사람이 있었는데, 그는 또 커다란 칼을 찬 하나님의 천사도 보았다고 했습니다. 그런데 벌집 옆에 서 있던 그 천사는, "하나님께 그분의 성소로부터 도울 자를 보내달라고 간구하십시오."라고 말했다고 합니다.

우리는 깊은 기도의 세계 속으로 들어갔습니다. 5시간 정도 기도하고 다시 계속 기도하는데, 하늘이 열리면서 천사들이 벌집으로 들어가 그것들을 찢어 헤치는 환상이 보였습니다. 그리고는 벌집 속에 갇혀 있던 천사들을 하나씩 모두 데리고 나와 그들을 회복시키기 위해 어떤 특별한 장소에 있게 했습니다. 그때 하나님께서 다음과 같이 외치는 음성이 들리기 시작했습니다. "마침내 누군가가 내 아들인 예수 안에서 너희가 공중 권세 잡은 자와 악한 어두운 세계의 지배자들 그리고 하늘에 있는 악한 영들을 다스리고 있다는 사실을 믿었도다"(엡 2:2, 6:12). 나는 천상에 갔을 때, 구원하는 군대를 보았습니다. 땅 위에 있는 자들은 천상에 이러한 군대가 있어 하나님께서 그들을 사용해 흑암의 나라를 물리치고 계시다는 사실을 알아야 합니다.

우리는 요한계시록 12장에서 하나님의 왕국을 전복(顚覆)시키려는 사탄의 시도가 실패로 돌아간 사실을 보게 됩니다.

> 하늘에 전쟁이 있으니 미가엘과 그의 사자들이 용과 더불어 싸울 새 용과 그의 사자들도 싸우나 이기지 못하여 다시 하늘에서 그들이 있을 곳을 얻지 못한지라 (계 12:7-8)

하나님은 당신의 나라와 계획이 마귀의 악한 책략으로 말미암아 모욕당하는 것을 결코 용납하시지 않습니다. 하나님께서 우리에게 그리스도의 지체 안에서 기도와 격려를 통해 서로 세워주도록 도우시는 이유가 바로 여기에 있습니다. 그분은 우리가 싸우는 싸움이 우리가 종종 생각하는 것과 같은 물리적 싸움이 아니라, 영적 싸움이라는 것을 아십니다.

구원을 위한 중보기도

중보기도의 중요한 역할 가운데 하나는 다른 사람의 구원을 위해 기도하고, 그들을 대신해 영적 전쟁에 참여하는 것입니다. 앞에서 이미 기술한 것처럼, 하나님께서 여러분에게 환상을 보여주고자 하실 때, 여러분은 마음을 정결하게 하므로 그분께서 말씀하고 계시하시는 것을 들을 준비가 되어 있어야 합니다. 그것은 여러분이 옛날과 똑같은 사람이 결코 아니기 때문입니다. 여러분은 이제 옛날과 똑같이 생각하거나 행동하지 않습니다. 예수님께서 내게 나타나 지옥에 대한 환상을 보여주신 후부터는 내가 잃어버린 영혼에 대해 하나님과 동행하기 전에는 결코 경험하지 못한 무거운 부담감을 느끼게 되었습니다.

예수님은 내게 지옥에 있는 사람들은 대부분 하나님으로부터 부름을 받았지만, 복음을 거부한 자들이라는 것을 보여주셨습니다. 그들은 계속해서 "내일은 구원을 받아야지."라고 말하다가 마침내 기회를 잃은 자들입니다. 마귀가 그들을 꾀어 멸망에 이르게 한 것입니다. 그들은 다른 신을 섬기고, 하나님보다 다른 것을 중히 여기는 우상 숭배에 빠졌던 자들입니다. 지옥의 모든 칸막이 방에는 자신의 죄에서 벗어 나지 못하고 계속 머물러 있던 자들이 있었습니다. 거기에는 증오와 분노만이 있었습니다. 그들은 하나님께 순종하기보다 그분을 배척하고 자기들의 육적인 것을 좇았습니다.

우리는 이 땅에 사는 동안만 마귀의 기만적인 유혹으로부터 떠나 예수님의 정결케 하는 피를 통해 구원받을 기회를 누리게 됩니다. 다시 말해, 우리는 "오직 흠 없고 점 없는 어린 양 같은 그리스도의 보배로운 피"(벧전 1:19)로 구원을 받을 수 있습니다. 하나님은 우리를 사랑하시며, 따라서 우리가 구원받는 것이 그분의 소망입니다. "만일 우리가 우리 죄를 자백하면 그는 미쁘시고 의로우사 우리 죄를 사하시며 우리를 모든 불의에서 깨끗하게 하실 것이요."(요일 1:9) 예수님의 피는 치료하는 능력이 있습니다. 우리가 하나님을 찾고 그분의 말씀에 순종하며 행할 때, 우리는 어린 양의 피로 깨끗케 됩니다. "그가 빛 가운데 계신 것 같이 우리도 빛 가운데 행하면 우리가 서로 사귐이 있고, 그 아들 예수의 피가 우리를 모든 죄에서 깨끗하게 하실 것이요"(요일 1:7)

히브리서 9장은 우리에게 짐승의 피를 뿌리는 것이 겉 사람을 정결케 하는 의식으로 사용되었지만, 예수 그리스도의 피는 우리의 속 사람과 겉 사람을 모두 깨끗하게 하는 훨씬 더 강한 능력이 된다는 것을 주지시키고 있습니다(히 9:12-14). 그것은 예수님께서 짐승의 피가 아닌 당신의 보배로운 피로 지성소에 들어가셨기 때문입니다(히 9:12).

> 하나님은 사람들이 자유케 되어 그들의 삶에 당신의 뜻을 이루기 원하십니다.

어린 양의 피로 구원받은 우리는 다른 사람들에게도 그리스도의 피로 말미암는 정결케 하는 능력을 받는 방법을 전해야 합니다. "너희가 알 것은 죄인을 미혹된 길에서 돌아서게 하는 자가 그의 영혼을 사망에서 구원할 것이며 허다한 죄를 덮을 것임이라"(약 5:20) 그러므로 우리는 자신을 위해 기도할 뿐 아니라, 예수님께서 구주와 구원자가 되신다는 사실을 알지 못하는 자들을 위해서도 기도해야 합니다. 예수님은 우리로 영생을 얻게 하기 위해 돌아가셨습니다.

> 그러므로 내가 첫째로 권하노니 모든 사람을 위하여 간구와 기도와 도고와 감사를 하되 임금들과 높은 지위에 있는 모든 사람을 위하여 하라 이는 우리가 모든 경건과 단정함으로 고요하고 평안한 생활을 하려 함이라 이것이 우리 구주 하나님 앞에 선하고 받으실 만한 것이니 하나님은 모든 사람이 구원을 받으며 진리를 아는 데에 이르기를 원하시느니라 (딤전 2:1-4)

> 주의 약속은 어떤 이들이 더디다고 생각하는 것 같이 더딘 것이 아니라 오직 주께서는 너희를 대하여 오래 참으사 아무도 멸망하지 아니하고 다 회개하기에 이르기를 원하시느니라 (벧후 3:9)

여러분은 자신이나 여러분의 가족이 지금 어떠한 상태에 있든, 하나님으로부터 구원과 도움을 위해 회개하고 그분께 나아갈 때 여러분을 죄에서 깨끗하게 해주신다는 그분의 약속을 믿어야 합니다.

나는 종종 다음과 같은 질문을 들을 때가 있습니다. "만약에 사람이 하나님을 사랑하고 그분께 기도하지만, 그가 동성애에서 벗어나지 못하고 있다면, 그는 지옥에 갑니까?" 이러한 질문에 대해 나는 어떠한 대답도 해줄 수 없습니다. 그러나 한 가지 분명한 사실은 하나님은 은혜의 하나님이시며, 그분의 은혜는 그들을 돕기에 충분하다는 것입니다. 세계 전역에 있는 동성애자들은 지금 그것의 악한 영의 지배에서 벗어나고자 온갖 몸부림을 치고 있습니다. 그런데 그러한 영이 누구에게나 들어갈 수 있는 것은 아닙니다. 그것들은 마음과 생각이 그러한 종류의 행동에 사로잡혀 있는 자에게만 들어갑니다. 따라서 여러분은 이러한 문제에 시달리는 자들을 위해 기도할 때, 아버지께 저들을 죄의 속박과 그것에 대한 욕망으로부터 자유케 하시고, 그들에게 당신의 뜻을 행하기 원하는 마음을 주실 것을 구해야 합니다.

> 무릇 하나님의 영으로 인도함을 받는 사람은 곧 하나님의 아들이라 너희는 다시 무서워하는 종의 영을 받지 아니하고 양자의 영을 받았으므로 우리가 아빠 아버지라 부르짖느니라 (롬 8:14-15)

사탄의 결박을 끊음

문제와 장애물의 멍에에 매어있는 남자들

하나님께서는 사람들이 자유케 되어 그들의 삶에 당신의 뜻을 이루기 원하십니다. 나는 지금까지 수년 동안 기도해 오면서 하나님께서 당신의 영광을 위해 남종과 여종들을 높이

올리시는 환상을 보았습니다. 나는 지금부터 하나님께서 남자들에 대해 내게 보여주신 것들을 중심으로 말하고자 합니다. 내게는 온갖 종류의 문제에 얽매어 있는 것처럼 보이는 남자들의 환상이 보였습니다. 나는 그때 "굳건하게 서서 다시는 종의 멍에를 메지 말라"라는 갈라디아서 5장 1절 말씀이 생각났습니다. 그들은 마치 자기들 주위의 온갖 속박과 장애물의 멍에로 메어 있는 것처럼 보였습니다. 그들의 앞에는 금전 문제와 가정 문제 그리고 직장 문제와 같은 장애물이 수북이 쌓인 길이 펼쳐져 있었습니다. 결혼한 사람들은 자기들 스스로 해결할 수 없는 여러 가지 문제에 직면해 있었지만, 나는 그들 가운데 손을 들어 하나님을 찬양하므로 자유케 되는 자들을 자주 보았습니다. 그들은 결박으로부터 완전히 풀렸습니다.

이러한 환상은 5년이 조금 넘도록 때때로 반복되었습니다. 나는 여러 곳을 여행하며 대화하는 가운데 하나님께서 부르신 남자들 중에서 자신의 영적 사명을 전혀 이루지 못한 자들이 매우 많다는 사실을 깨달았습니다. 따라서 그들은 마음 한구석에 공허감이 있었습니다. 그들은 자신의 사명을 알고 이해했지만, 사탄이 그들의 앞길에 많은 방해물과 장애물을 놓으므로 그것을 도저히 감당할 수 없을 것만 같습니다. 그들 중에는 이혼한 사람도 있었습니다. 그들은 배우자와 원만한 관계 유지가 전혀 불가능하고, 자기들로서는 도저히 어떻게 할 수 없을 만큼 가정에 언쟁과 불화가 끊이지 않았습니다.

내게는 그들에 대해 안타까운 생각이 들기 시작했습니다. 그러므로 나는 하나님께서 저들을 멍에에서 자유케 하시고, 그들이 하나님께 순종하므로 가정이 복을 받으며, 하나님께서 그들이 삶 가운데 겪는 모든 문제를 치유해 주시길 기도했습니다. 내게는 또 하나님께서 원치 않으시는 이러한 관계로 말미암아 수많은 어린 아이들이 희생당하고 있다는 생각이 들었습니다.

나는 훌륭한 교회에서 신앙생활을 하며 어린 나이에 벌써 귀신을 쫓아내는 것을 배웠습니다. 나는 하나님의 말씀에 대해서도 많이 알고 있었지만, 그것이 내가 잘못된 사람과 결혼하는 것을 막아주지는 못했습니다. 내가 잘못된 사람과 처음 결혼한 것은 하나님의 음성에 귀를 기울이지 않았기 때문입니다. 아직 어리고, 순진했던 나는 어떻게든 집에서 떠나기만을 원했던 것입니다.

> 하나님보다 앞서갈 때는 그분의 지시를 받지 못할 위험성이 따릅니다.

나는 하나님의 음성을 더 기다려야 한다는 것을 속으로 알았지만, 그것에 귀를 기울이지 않은 결과 결혼한 지 5년 만에 이혼으로 끝났습니다. 하나님의 인도만을 의지했다면 쉽게 피할 수 있었을 많은 아픔과 슬픔을 자초했던 것입니다. 우리는 종종 하나님보다 지나치게 앞서가므로 그분의 지시를 받지 못하는 경우가 있습니다.

우리가 세상에 태어날 때, 마귀는 하나님께서 특별한 사명을 이루시기 위해 우리를 택하실 때를 압니다. 따라서 마귀는 우리를 훼방하고, 나아가서는 전혀 꼼짝 못하게 하고자 우리의 삶을 온갖 쓰레기로 가득 채웁니다. 마귀는 우리를 거짓된 달콤한 말과 다른 속이는 것들로 우리를 미혹(迷惑)합니다. 사탄은 앞에서 말한 것처럼 유혹하는 악한 영입니다. 마귀는 우리를 그의 악한 왕국으로 유혹해 아버지의 뜻을 행하지 못하게 하고자 우리에게 미혹하는 영을 보냅니다.

우리가 하나님의 인도 하심을 위해 기다리고 그분의 음성에 귀를 기울이는 것이 매우 중요한 이유가 여기에 있습니다. 우리가 너무 어려서 불안정하고 어리석으며, 하나님께서 진정 우리에게 아무것도 말씀하시지 않는 것처럼 생각될 때도 그분께서 말씀하시기 때문에 우리는 귀를 기울이는 법을 배워야 합니다.

나는 멍에에 깊이 갇혀 있는 자들을 위해서 어떻게 해야 할 것인지에 대해 하나님의 인도를 구했습니다. 하나님은 그들 중 많은 사람들을 향해 큰 소리로 부르셨지만, 그들은 자기의 멍에에서 벗어나는 법을 알지 못했습니다. 나는 그들이 하나님의 말씀을 잘 가르치는 교회에 출석하고, 그들의 가족 관계가 치유되기를 위해 기도했습니다. 그런데 내게는 남자들 가운데 일부가 멍에에서 자유롭게 되는 환상이 자주 나타났습니다. 나는 중보기도 동역자에게 전화를 걸어 함께 그들과 그들의 가정에 대한 하나님의 도움과 복을 구하는 기도를 하곤 했습니다.

그 후에도 내게는 환상 가운데 그들이 보였습니다. 수년이 흘렀지만, 그들은 여전히 하나님께서 부르신 사명을 전혀 행하지 못했습니다. 그때 내게는 마귀가 역사하고 있다는 깨달음이 임했습니다. 마귀는 우리의 삶 가운데 변화가 일어나지 않고, 우리로 하여금 자신에 대한 하나님의 부르심을 깨닫지 못하게 훼방합니다. 마귀는 우리가 하나님의 뜻이 아닌 자신의 감정에 따라 즉흥적으로 결정하기를 원합니다.

하나님의 남자들이 광야에서 행진하며 나옴

그 후 나는 메마른 낙엽과 나뭇가지가 우거진 곳에 서 있는 남자들의 환상을 보았습니다. 그들은 눈을 감은 채 위를 쳐다보고 있었습니다. 그들은 숲이 우거진 그곳에서 서로 떨어져 있는 것처럼 보였습니다. 나는 그들을 높은 상공에서 내려다 보았는데, 그들이 5년 이상 내가 환상을 통해 때때로 본 사람들과 비슷하다는 것을 깨달았습니다. 그들 중에는 나이가 많은 사람과 젊은 사람이 섞여 있었습니다. 그리고 모든 연령층에 속하는 사람이 다 있었습니다. 솔직히 말해, 어떤 남자는 80살은 족히 먹어 보였으며, 따라서 나는 이렇게 생각했습니다. "사랑하는 하나님 아버지, 그들은 오랜 세월 동안

심한 고통과 싸워온 자들입니다. 그들은 나무가 우거진 이곳과 사탄의 속박에서 스스로는 결코 벗어날 수 없을 것처럼만 보입니다." 이러한 생각에 나는 마음이 몹시 아팠습니다.

나는 기도를 마친 후 중보기도 동역자에게 전화를 걸어 그녀와 환상에 대한 이야기를 나누었습니다. 그녀는 즉각 내게 함께 기도할 것을 청했습니다. 우리는 하나님께 마음 가운데 여러 가지 깊은 상처를 가진 그들을 숲에서 이끌어내 자유케 하시고 치유해 주실 것을 위해 기도했습니다. 그때 성령은 내게 그들 중에는 돈이 없고 외로운 자들이 있다는 것을 깨닫게 하셨습니다. 그런가 하면 돈은 많지만, 가족이 없어 슬픈 자들이 있었습니다.

나는 그들에게 눈물방울이 떨어지는 것을 보았습니다. 눈물방울은 푸르고 옅은 흰색 빛을 띠었습니다. 남자들의 얼굴에 눈물이 흘러내리며 그들의 눈 주위를 씻었습니다. 나는 울면서 이렇게 외치기 시작했습니다. "예수님, 이 사람들을 자유케 하시고, 그들이 담대한 무리로 바깥세상에 나오게 해주세요!" 내가 눈물로 그들의 눈이 씻기는 것을 보는 동안 갑자기 그들의 눈이 떠지는 것이었습니다. 그 순간 나의 기도 동역자가, "내가 지금 무엇을 보고 있는지 아세요?" 하고 내게 물었습니다.

"아니오, 말해주면, 나도 내가 보는 것을 말할게요." 나는 이렇게 대답했습니다.

그녀는 "나는 지금 하나님께서 눈물을 흘리시며, 이 남자들의 얼굴에 그분의 눈물이 떨어지는 것을 보고 있습니다."란 말로 설명하기 시작했습니다.

"그들의 눈에 눈물, 그것도 커다란 눈물이 떨어지면서 그들의 눈을 씻어주는 것을 보았습니다! 빗물이 이상하게 보이는 것이 아닌가 생각했지요."

그녀는 계속해서 이렇게 말했습니다. "하나님은 지금 이 남자들 때문에 눈물을 흘리고 계시며, 그들이 그동안 어떠한 상황 가운데 있었고, 지금까지 무엇을 했는지와 상관 없이 그들을 쓰기 위해 그들을 데리고 나오려 하십니다. 하나님은 그들이 당신께 나아가 진정으로 회개할 때, 그들을 모두 자유케 하시고 구원하실 것입니다."

> 사람들이 진정으로 회개할 때, 하나님께서는 그들을 구원해 주십니다.

바로 그때 나는 나무의 크고 작은 가지와 그리고 그들을 얽매고 있던 것들이 풀리면서 떨어져 나가는 것을 보았습니다. 남자들은 어두운 곳에서 밝은 곳으로 급히 탈출하고자 자기들의 오른쪽 다리를 위로 들어 올린 채 서로 떨어진 상태로 계속 서 있었습니다. 나는 친구에게 내가 보는 것을 말했는데, 그녀 역시 나와 똑같은 것을 보고 있었습니다. 따라서 진정 성령의 뜻에 따라 기도하기를 원한 우리는 하나님께 어떻게 기도해야 할 것인지를 물었습니다. 우리는 하나님의 사랑이 그들에게 임하기를 간구하며 그분께 기도하고 인도를 구했습니다.

우리가 기도하고 다른 사람을 위해 중보기도하고 있을 때, 성령께서 우리에게 다음과 같은 예언을 들려 주셨습니다.

> 내가 이 죽은 뼈들에게 말하리니, 그들이 살아날 것이라. 내가 이 남자들의 무리에게 말하리니, 그들이 일어날 것이라. 그들이 굴과 산과 광야에서 나올 것이며, 마지막 날에 내가 그들을 들어 너희로 놀랄 일을 행하리라. 나는 네 하나님 여호와니라. 내가 말하노니, 나의 눈물로 지금 그들을 씻어주노라. 따라서 그들은 장차 강한 군대처럼 땅 위를 걸어가리라. 그리고 그들은 '나의 목적과 말'을 선포할 것이라. 그것은 내가 지금 그들을 저들의 모든 고통에서 구원해내고 있기 때문이니라. 그들은 지금까지 계속 나를 의지해왔도다. 그들은 나의 뜻대로 행하고자 자기의 최선을 다한 자들이라. 하지만, 나는 지금 그들을 둘러싼 장애물들, 즉 찔레와 가시 그리고 마른 가지들을 박멸하기 위해 나의 사자들을 보냈도다. 나는 그들을 이 메마른 곳에서 이끌어낼 것이요, 그들은 나의 말을 선포할 것이라. 그들은 땅 위를 당당히 걸어가며, 그것을 정복할 것이라. 그들은 여호와 하나님의 영광을 위해 그렇게 할 것이니라. 그리고 하나님께서는 당신의 의를 완수하신 것으로 말미암아 크게 기뻐할 것이니라. 그것은 포로된 자들을 자유케 하기 위해 흘리신

아들의 피가 하나님을 기쁘시게 할 것이기 때문이니라.

나는 하나님께서 당신의 택하신 남자들에 대해 예언하실 때 그분의 말씀에 귀를 기울였으며, 내게는 그들이 똑바로 행진하며 앞으로 나아가는 환상이 보였습니다. 그들은 좌우를 살피지 않은 채 앞만을 바라보았습니다. 그러면서 나는 선한 일들이 성취되는 것을 보기 시작했습니다.

환상이 거의 끝나갈 무렵, 나는 그들 가운데 사무실에서 업무를 보는 사람과 TV를 시청하는 사람 그리고 나머지의 많은 사람들이 무릎 꿇고 기도하는 모습을 볼 수 있었습니다.

"마지막 날에 내가 그들을 들어 너희로 놀랄 일을 행하리라."

나는 또 그들이 세상의 다양한 분야에서 각자 자기의 사명을 행하는 것을 볼 수 있었습니다. 어떤 사람은 설교자로, 어떤 사람은 그 밖의 다른 일로, 하지만 그들은 모두가 하나님 나라의 건설을 위해 물질을 바쳤습니다. 하나님께서 그들의 마음을 치료하시는 위대한 역사를 행하시며 그들에게 새로운 생명을 부여하시는 것을 지켜본 나는 마치 뛸 듯이 기뻤습니다. 하나님은 진정 죽은 뼈들에 생명을 불어 넣으셨습니다. 따라서 우리는 여호와 하나님의 이름을 찬양해야 합니다!

나는 이것이 하나님께서 전 세계의 기업가적인 정신이 뛰어나고, 하나님으로부터 사업과 섬기는 일에 특별한 은사를 받은 남자들을 불러 세우시는 날과 그때를 의미한다고 믿습니다. 지금까지는 그들이 그것을 누려만 왔지만, 이제는 그것을 실천에 옮길 것입니다.

나는 또 하나님께서 독신 남성들을 기도하는 여성들과 한 몸이 되게 하실 것이며, 지금까지 중단된 사역들 가운데 많은 것들이 다시 점화(點火)되어 활기를 띠게 될 것을 믿습니다. 내가 이것을 굳게 확신하는 것은 그것이 언젠가 내가 본 적이 있는 커다란 산에 대한 생생한 환상과 일치하기 때문입니다. 그때 하나님은 당신의 팔을 뻗고 계셨으며, 그분의 오른손은 산을 향해 내려오고 있었습니다. 산은 나무가 무성했지만, 모든 연령층과 모든 체구 그리고 모든 유형의 남자들이 서 있는 공간도 있었는데, 그 모습이 마치 서양장기의 장기알을 세워 놓은 것과 같았습니다. 나는 환상 가운데 하나님께서 남자들 가운데 한 사람의 어깨를 건드리자 그가 넘어지는 장면을 보았습니다. 그런데 하나님께서 그의 머리와 어깨를 잡아들어 올리시자 그는 나무토막이 되었습니다.

나는 그때 하나님께서 세상을 내려다보시더니 그 남자를 기도하는 여자의 옆에 놓으시는 것을 보았습니다. 하나님은 이러한 과정을 한동안 계속하셨습니다. 만약에 무릎 꿇고 기도하는 여자가 있다면, 하나님은 남자들 가운데 하나를 그녀의 옆에다 세우시곤 했습니다. 그러면 남자는 다시 인간의 형체로 돌아왔습니다. 이렇게 해서 남자가 여자의 옆에서 무릎 꿇고 기도하기 시작하므로 그들은 둘이 함께 기도했습니다. 나는 남자들이 산에서 거의 다 사라질 때까지 하나님께서 계속 이렇게 하시는 환상을 지켜보았습니다. 그런데 나는 이것이 착하고, 거룩한 아내를 위해 기도해온 독신 남자들을 상징했다고 믿습니다.

나는 또 남자들이 앞으로 걸어 나오는 환상을 보았는데, 내게는 그러한 환상들이 모두 만약에 남자들이 하나님으로부터 응답이 임할 때까지 기다리고 그분을 앞서가지 않는다면 그분께서 저들로 여자들을 변화시키는 일에 쓰시리라는 것을 상징한다고 느껴졌습니다.

여성들이여, 하나님의 응답이 임할 때까지 기다린다는 것이 때로는 매우 힘들다는 사실을 압니다. 그러나 여러분이 하나님의 뜻 안에 거하기 위해서는 그것이 반드시 필요합니다. 만약 하나님께서 여러분에게 아직 이루시지 않은 약속이 있다면, 여러분은 그것을 더 기다려야 합니다. 하나님은 당신께서 하신 약속을 반드시 행하십니다. 그분은 신실하고, 의로우며 선하신 하나님입니다.

치유

하나님은 우리의 삶 가운데 지극히 작은 것에서부터 아주 큰 문제에 이르기까지 모든 것에 관심을 기울이시며, 우리가 자신은 물론 다른 사람의 치료를 위해서도 기도하기를 원하십니다. 하나님은 우리에게 훌륭한 의사들을 주셨지만, 나는 또 최고의 의사가 되시는 그분의 손을 통한 치유를 믿습니다. 그러므로 나는 예수님께서 병 낫기를 명하시는 말씀을 하실 때, 그것이 육체적, 정신적 혹은 영적인 병 가운데 어떤 것이든 상관없이, 우리를 그분의 희생으로 말미암아 우리가 치료될 수 있다는 사실을 믿습니다.

> 그가 찔림은 우리의 허물 때문이요 그가 상함은 우리의 죄악 때문이라 그가 징계를 받으므로 우리는 평화를 누리고 그가 채찍에 맞으므로 우리는 나음을 받았도다 (사 53:5)

예수님께서 십자가에 달려 죽으시므로 우리가 병에서 나을 수 있게 되었습니다. 예수님은 우리의 치료자와 구원자가 되십니다.

하나님의 사랑은 우리를 병에서 낫게 함
몇 년 전에 나는 사촌들과 함께 테네시 주의 어느 TV 프로에 출연해 지옥의 실체와 예수 그리스도로 말미암는 구원에 대해 말했습니다. TV 프로의 출연을 마치고 집에 돌아온 나는 여러 친척들이 모여 술을 마시는 가운데 그 중 일부는 만취 상태가 되었습니다. 내 눈에 어린 강아지가 다쳤는지, 아니면 부상을 당했는지 등을 질질 끄는 것을 보며 속으로 이렇게 생각했습니다. "사람들이 깊이 잠들어 있으니, 개를 위해 기도해야지." 그런데 내가 개를 위해 기도하자 정상적으로 걷기 시작했습니다. 깜짝 놀란 고모는, "오 하나님! 저도 이제는 술을 끊겠습니다!" 하고 말했습니다. 치료된 강아지는 어미 개가 될 때까지 살았습니다.

> 하나님은 우리의 삶 가운데 지극히 작은 것에서부터 아주 큰 문제에 이르기까지 모든 것에 관심을 기울이십니다.

한 번은 내가 커다란 복서(boxer)를 한 마리 키우는 가정을 방문한 적이 있습니다. 그런데 개가 내게로 다가오더니 나의 손 밑으로 자기의 코를 들이밀어 나의 손을 자기의 머리 위에 올려놓았습니다. 나는 즉각 이상한 생각이 들었습니다. 따라서 나는 개를 위해 기도하기로 했습니다. 그때 주인이 오더니, "지금 무엇을 하고 계신가요?" 하고 물었습니다. "댁의 개를 위해 기도하는 중입니다." 나는 이렇게 대답했습니다. 그녀는 깜짝 놀라며, "개는 뇌에 두 개의 종양이 있거든요."라고 말하는 것이었습니다. 그런데 그녀가 개를 데리고 수의사를 찾아가 알아본 결과 종양이 완전히 사라진 것이었습니다. 개에게 믿음이 있었던 것은 아닐 것입니다. 하지만, 하나님의 치료하시는 능력을 느꼈습니다. 그러면 어떻게 가능했을까요? 그것은 우리에게 중요한 것은 하나님께도 중요하기 때문입니다. 그러한 치료의 역사가 나타난 것은 바로 하나님의 사랑 때문입니다. 이렇게 짐승도 치료하시는 하나님이라면, 인간에 대해서는 얼마나 더 하실까요?

질병 가운데는 마귀로부터 오는 것이 있음

한 번은 외국에서 설교하는데 주님께서 내게 눈을 떠 한 어린 아이에게 병의 원인이 된 무서운 영적 장애물을 보게 하셨습니다. 설교를 하던 내게 마치 뱀처럼 생긴 검은 그림자가 어린 아이의 목 주위를 감싸는 것이 보였습니다. 물론 나는 그 환상을 일반적인 관점이 아니라, 영적인 관점에서 보았습니다. 어린 아이는 세 살 정도 되었는데, 목에 아무런 힘이 없는 채 머리가 앞뒤로 흔들렸습니다.

하나님은 내게 그러한 고통이 분명히 마귀로부터 비롯된 것이라는 것을 보여주셨으며, 따라서 나는 아이의 구원을 위해 즉각 성령 안에서 하나님께 기도하기 시작했습니다. 기도하는 동안 아이의 어머니가 아이를 유모차에 태워 통로를 따라 강대상 앞으로 나왔습니다. 하나님은 내게 이렇게 말씀하셨습니다. "설교가 끝나자마자 아이를 위해 기도할지니라. 그러면 내가 그에게서 뱀을 제거하는 것을 보게 되리라. 아이는 치료되겠지만, 아직 어려서 목이 약하기 때문에 회복되기까지는 시간이 걸릴 것이라."

나는 하나님의 명령에 따라 예배가 끝난 후 몇몇 동역자들과 함께 아이에게로 가 영어로 기도했습니다. 그때 내게는 한 천사가 내려와 검은 물체를 손으로 잡더니 그것을 아이의 목에서 홱 잡아당기는 것이 보였습니다. 천사가 손에 잡은 것을 보니 마치 길이가 70센티쯤 되는 검은 뱀 같았습니다. 천사가 그것을 들어 올리자 하늘로부터 "예수께서 채찍에 맞음으로 네가 나음을 입었도다!"(사 53:5 참조)란 하나님의 음성이 들렸습니다. 천사는 뱀을 교회 밖으로 갖고 나가고, 나는 하나님을 찬양했습니다.

어린 아이의 목이 여전히 힘이 없는 상태에서 머리가 계속 앞뒤로 흔들렸습니다. 그러므로 나는 어린 아이의 목에 힘이 생기고, 뼈가 반듯하게 자라게 해달라고 하나님께 기도했습니다. 성령은 내게 기도할 것을 명하셨으며, 나는 아이를 위해 기도하고 그에게 기름을 발라 주었습니다. 나는 매우 기뻤으며, 아이의 어머니 역시 마찬가지였습니다. 그녀는 내가 본 것을 보지 못했지만, 나는 하나님께서 당신의 말씀과 기도를 통해 어린 아이를 구원하셨다는 것을 알았습니다. 예수님은 우리의 구원자가 되십니다.

어린 아이는 사탄으로부터 공격을 받았음이 분명합니다. 그런데 오늘날 많은 사람이 직면하는 것이 바로 이것입니다.

그들은 자기가 사탄으로부터 가혹한 공격을 정면으로 받고 있다는 것을 압니다. 하지만, 그들은 사탄의 공격에 어떻게 반격해야 할 것인지에 대해서는 알지 못하는 경우가 종종 있습니다. 게다가 동료 신자들은 때로 그들에게 저들의 질병이나 불행의 원인이 죄악된 삶 때문이라고 비난합니다.

마귀의 공격을 받거나 시험을 당하는 자들에게 그것의 원인을 그들의 잘못된 행동 때문이라고 탓하는 것은 잘못된 오해입니다. 우리가 화(禍)를 자초하거나 마귀에게 공격의 빌미를 제공할 수 있는 것은 사실이지만, 사탄의 잔혹한 공격 대상이 되는 것이 반드시 거기에만 원인이 있는 것은 아니기 때문입니다.

> 사탄의 어둠은 하나님의 빛과 결코 비교될 수 없습니다.

예수님께서 요한복음 9장에서 제자들에게 말씀하신 것처럼, 사람이 병에 걸리거나 그 밖의 다른 불행한 상황을 당하는 것이 그들의 삶을 통해 하나님의 놀라운 역사를 나타내기 위한 목적이 있을 수 있습니다. 제자들은 예수님과 함께 길가다가 눈먼 사람을 만났을 때, "랍비여, 이 사람이 맹인으로 난 것이 누구의 죄로 인함이니이까 자기니이까 그의 부모니이까?"(요 9:2) 하고 물었습니다. 제자들은 소경이 된 것을 자연스럽게 죄의 원인으로 돌렸습니다. 그러나 예수님은 다음과 같이 말씀하시므로 그들의 질문을 정면으로 부인하셨습니다. "이 사람이나 그 부모의 죄로 인한 것이 아니라 그에게서 하나님이 하시는 일을 나타내고자 하심이라"(요 9:3).

예수님은 제자들이 비록 볼 수 없지만, 그것을 통해 하나님의 빛이 더욱 밝게 드러나게 되리라는 것을 알기 원하셨습니다. 사탄의 어둠은 하나님의 빛과 결코 비교될 수 없습니다. 예수님은 "내가 세상에 있는 동안에는 세상의 빛이로라"(요 9:5)라고 말씀하셨습니다. 그분은 또 우리도 당신의 이름으로 선을 행하므로 하나님의 빛을 나타내야 할 것을 말씀하셨습니다.

> 너희는 세상의 빛이라 산 위에 있는 동네가 숨겨지지 못할 것이요 사람이 등불을 켜서 말 아래에 두지 아니하고 등경 위에 두나니 이러므로 집 안 모든 사람에게 비치느니라 이같이 너희 빛이 사람 앞에 비치게 하여 그들로 너희 착한 행실을 보고 하늘에 계신 너희 아버지께 영광을 돌리게 하라 (마 5:14-16)

세상에는 하나님의 뜻이 드러나는 것을 막거나 그분께서 영광 받으시는 것을 방해할 수 있는 것이 아무것도 없습니다. 하나님은 여러분으로 하여금 당신의 진리를 깨닫지 못하게 방해하는 어두운 것들을 통해 성령께서 더욱 밝게 비치게 하시므로 여러분의 주위에 있는 자들이 놀라운 변화를 목격하도록 역사하십니다. 예수님께서 소경의 눈을 치료하셨을 때,

이웃 사람들은 자기들이 어리둥절할 만큼 놀라운 변화가 일어났다는 것을 알았습니다. 그들은 자기들끼리, "이는 앉아서 구걸하던 자가 아니냐 어떤 사람은 그 사람이라 하며 어떤 사람은 아니라 그와 비슷하다"(요 9:8-9)라고 말하며 서로 물었습니다. 따라서 앞을 보지 못했지만, 지금은 치료된 사람이 직접, "내가 그라"(요 9:9)라고 증언했습니다.

예수님은 눈먼 사람을 치료하시기 바로 전에 당신을 돌로 치려 하는 자들을 피해 오셨습니다(요 8:59 참조). 우리는 여기에서 한 무리의 사람들이 예수님을 배척하고 있을 때, 다른 한 사람은 하나님의 빛을 보고 기적을 체험하기 직전에 있었다는 사실을 주목해야 합니다. 우리는 하나님께서 기적을 행하실 때와 장소를 전혀 알 수 없습니다. 여러분이 중단하고 싶을 때도 기도하고, 하나님을 찾는 것을 계속해야 하는 것이 그렇게도 중요한 이유가 바로 여기에 있습니다.

치료 훈련

하나님은 병든 자의 치료를 위한 기도 방법에 대해 내게 자주 말씀하셨습니다. 하나님은 나를 훈련하시고, 앞으로 내게 보여주실 것들에 대해 미리 말씀하기 시작하셨습니다. 하나님은 이렇게 말씀하셨습니다. "앞으로 종종 내게 다른 사람의 몸을 마치 엑스선 사진을 통해 보는 것처럼 보여줄 것이라. 따라서 너는 몸의 여기저기에서 검은 점이나, 혹은 어린 아이의 목을 감싸고 있던 것과 같은 영적으로 약한 것들을 보게 되리라." 그리고는 계속해서, "내가 네게 기도하는 법을 가르쳐 주리니, 너는 예수의 이름으로 귀신을 물리치고, 강한 자를 결박해야 할지니라"(막 3:27, 눅 11:20-22)라고 말씀하셨습니다. 주님은 계속 이렇게 훈계하셨습니다. "내가 이런 것들을 네게 보여줄 때, 나는 이러한 것들로 고통당하는 자들을 반드시 치료해 줄 것이라. 그러나 내가 단지 너로 하여금 그들을 보게 하기 위해 네게 그들을 보여주지는 않는다는 사실을 기억할지니라. 내가 그들을 네게 보여주는 것은 너로 하여금 내게 그들에 대한 구원을 부르짖게 하기 위해서니라. 그렇게 할 때 나는 영광과 찬양을 누리게 될 것이라."

나는 이렇게 답변했습니다. "오, 예수님, 그것은 아주 쉬운 일입니다. 저는 그렇게 하길 원하지만, 그 외의 어떠한 영광이나 찬양도 받기는 원하지 않습니다. 그것은 모든 치료의 능력이 당신께로부터 오기 때문입니다." 하나님께서는 이러한 식으로 내게 치유(治癒)의 은사와 지식의 말씀에 대해 가르치기 시작하셨습니다(고전 12:7-9).

그리고 나의 섬김을 통해 장차 당신께서 어떻게 역사하실 것인지에 대해 내게 말씀하셨습니다. 하나님은 사람들의 뒤에 천사를 세우시고는, 내게 그들을 불러내 그들에게 지식의 말씀을 전하고 기도하게 하셨습니다. 하나님은 내게 그들의 허파나 한쪽 엉덩이에 있는 점과 같은 흔적을 보여주신 후 기도하라고 명령하시고는 그들을 치료해 주셨습니다. 하나님은 내게 환상을 통해 당신의 병 고치는 능력을 분명히 보여주셨습니다. 천사들이 자리를 함께하고, 하나님의 말씀이 마치 검(劍)처럼 공중에서 나오는 것을 본다는 것은 일대 장관(壯觀)이었습니다. 말씀은 칼로 변해 사람 몸의 어두운 점을 파고 들어갔습니다. 천사들은 아픈 것이 발견된 자리인 어두운 점에 불을 놓아 그것을 불살랐습니다. "바람을 자기 사신으로 삼으시고 불꽃으로 자기 사역자를 삼으시며"(시 104:4) 그것은 저들을 질병과 아픔으로부터 구해내기 위해 그들의 몸에서 치열하게 진행되는 영적 전쟁과 같은 것이었습니다.

치유의 기적과 표적

하나님은 내게 이렇게 말씀하셨습니다. "내가 사람의 신체 가운데 특정 부위에 대해 전보다 훨씬 뛰어난 치료 효과가 나타나게 하는 능력을 네게 주리라." 예수님은 내게 지옥을 보여주실 때, 죽은 자들이 있는 장소를 함께 걸어 다닌 대부분의 시간 동안 나의 왼손을 붙잡고 계셨으며, 가끔 멈추어 어떤 것들에 대해 설명해 주셨습니다. 그런데 지옥을 방문한 경험 직후, 병고침에 대한 이 말이 실행되기 시작했습니다.

그로부터 5년 후, 하나님은 내게, "너는 내가 지옥에서 너의 왼손을 붙잡고, 이런 것들을 보여준 이유를 아느냐?"라고 물으셨습니다. 내가, "모르겠습니다, 주님" 하고 대답하자, 하나님은 다음과 같이 설명해 주셨습니다. "나는 세상에서의 특별한 표증으로 네게 치유의 은사를 주었노라. 나는 네가 지옥에 대한 이러한 진리를 말할 때, 네게 사람들의 치아와 잇몸 그리고 입을 위해 기도하라고 말할 것이라. 나는 기이한 표적을 행할 것이라. 나는 그들의 잇몸과 치아를 기적적으로 치료하므로 그들의 입에 기적이 나타나는 것을 보일 것이라. 나는 그것을 행하되 사람들이나 네 방법대로 하지 않고 내 뜻대로 할 것이니라."

나는 매우 기대가 된 가운데, 하나님께서 말씀하신 것을 그대로 행하실 것을 믿었습니다. 나는 예배 시간에 "하나님, 치아를 치료해 주옵소서."라고 간구하며 사람들의 입과 치아를 위해 기도하기 시작했습니다. 내게는 사람들로부터 조롱과 비난이 따랐지만, 그것에 개의치 않았습니다. 나는 자신이 치과의사가 아니므로 그러한 것들을 할 수 없지만, 하나님께는 불가능한 것이 없다는 것을 알았습니다. 나는 오스트레일리아, 남아메리카, 스코틀랜드, 캐나다 등 전 세계 사람들을 위해 기도하기 시작했습니다. 나의 이러한 은사를 몇몇 목회자와 교계의 지도자들에게 전수(傳授)하기 시작했습니다. 놀라운 사실은, 내가 사람들의 치아를 위해 기도할 때, 하나님께서 그들의 치아를 금과 은으로 채우시는 것

> 포기하고 싶은 생각이 들 때도, 하나님을 계속 찾기 바랍니다.

을 실제 볼 수 있었다는 것입니다.

한 번은 앞니가 썩은 어린 아이를 위해 기도한 적이 있습니다. 아이의 어머니는 그를 데리고 치과에 갈 형편이 되지 않았습니다. 따라서 내가 아이의 이를 위해 기도해 주었는데, 10분 후 하나님께서 그것들을 다시 나게 하신 것입니다. 이러한 장면을 직접 목격한 나는 굉장히 흥분이 되었습니다. 그 후 나는 캐나다를 오가며 그곳에 있는 미국인들을 도왔습니다. 예수님께 그들의 치아를 치료해 달라고 기도하면, 하나님은 그들의 빠진 치아를 대체하고, 손상된 치아를 금으로 채우는 기적을 행하셨습니다. 그것은 대단히 신기했으며, 우리는 탄성(歎聲)을 지르고 하나님을 찬양했습니다.

그리고 한 번은 하나님께서 이러한 기적을 행하신다는 소문을 들은 데비(Debbie)란 이름의 한 젊은 자매가 멀리서 우리 집회에 참석했습니다. 그녀는 몇 개의 치아를 씌워야 했는데, 그중에는 이가 전혀 없는 것이 있었습니다. 따라서 우리는 함께 기도했는데, 2주 후 그녀에게서 전화가 왔습니다. 그녀는 어느 날 아침에 일어나 보니, 하나님께서 자기의 어금니를 완전한 금니로 만들어 놓으셨다고 말했습니다. 나는 기쁨을 감추지 못하며 하나님을 찬양했습니다.

우리는 언제 하나님께서 놀라운 기적을 행하실지 전혀 알 수 없습니다. 오늘날도 기도하면 한 달 만에 하나님의 기적을 체험할 수 있을 것입니다. 내게 캐나다에 있는 목회자들로부터 다음과 같은 내용의 전화가 왔습니다. "메어리 목사님, 우리는 당신이 하나님께서 하실 수 있다고 말했을 때, 그것을 비웃었지요. 그러나 지금은 우리의 그런 행동이 얼마나 잘못된 것이었다는 것을 알고 있습니다. 당신이 다녀간 3주 후, 우리는 아침에 일어났을 때 하나님께서 우리 아이들의 치아를 완전히 치료해 놓으신 것을 발견했으며, 그것을 본 이곳의 치과의사도 깜짝 놀라는 것이 아니겠어요!" 나는 이렇게 말했습니다. "하나님을 찬양하세요! 그리고 눈으로 보고서 하지 말고, 믿음으로 행하세요."

만약에 하나님께서 여러분을 들어 당신의 기적을 행하는 도구로 쓰신다면, 그것은 하나님께서 여러분을 특별한 도구로 삼으시는 것입니다. 그러한 체험은 하나님으로부터 시작되는 것으로, 여러분은 그것을 사람들에게 행하지 않을 수 없을 것입니다. 지금까지 말한 것들은 내가 기도하면서 하나님으로부터 체험한 기적들 가운데 일부에 지나지 않습니다.

기도를 평범한 것으로 여겨서는 안됨

나는 이제 우리를 향하신 하나님의 능력과 자비를 나타내 주는 이야기를 들려주므로 함께 본 책의 결론을 맺고자 합니다. 수년 전, 해군으로 군 복무를 마치고 귀가한 아들인 스콧

(Scott)이 알코올 중독에 빠졌습니다. 하루는 멀리 여행 중이던 내게 갑자기, "나는 길이요, 부활이요 생명이니라."라는 하나님의 음성이 들렸습니다. 그 순간 내게는 영적으로 불길(不吉)한 예감이 느껴졌습니다. 따라서 나는 아들과 통화를 하고자 집으로 전화했습니다. 그러나 아들과의 통화가 불가능해 하나님의 음성을 분별하는 예언 능력이 뛰어난 종에게 전화를 했더니, 그가 이렇게 말하는 것이었습니다. "아들이 사망했습니다. 하지만, 나는 지금 그의 몸에서 혼이 나가는 것과 하나님께서 당신의 두 손을 오므려 그의 혼을 받아 그것을 다시 그의 몸속에 넣고 계신 것을 보고 있습니다. 하나님은 지금 그의 혼과 영을 하나로 결합시키고 계십니다. 아들은 죽지 않고 살아서 하나님의 역사(役事) 하심을 선포할 것입니다."

마침내 내가 딸과 전화가 연결되었는데, 그녀는 "엄마, 스콧이 죽어 사람들이 병원으로 이송시켜 갔어요!"라고 울면서 말했습니다. 하지만, 나는 딸에게, "아니야, 그는 절대 죽지 않았어. 그는 살아서 하나님의 역사하심을 선포하게 될 거야."라고 답변해 주었습니다. 나중에 스콧과 직접 만났는데, 그는 자기가 병원에서 깨어나 보니 시트에 덮인 채 침대에 누워 있더라는 것입니다. 따라서 즉시 일어나 병원을 나왔다고 합니다. 기도에는 반드시 결과가 따릅니다. 우리는 반드시 역사하는 기도에 대해 결코 평범한 것으로 생각해서는 안됩니다.

| 에필로그 |

하나님의 임재를 통한 변화와
그분의 능력을 통한 사역

　천국에 대한 환상은 내게 하나님의 장엄(莊嚴)함과 그분의 충만한 위대성을 계시해 주었습니다. 나는 하나님께서 당신의 백성이 흘린 눈물을 모아 놓으신 눈물의 방을 보았습니다(시 56:8). 나는 또 장차 천국에 가서 우리가 받게 될 상(계 22:12)과 모든 민족을 치료하는 데 사용될 나뭇잎을 보았습니다. 영혼들은 하늘나라에 갔을 때, 생명수 강으로 안내되었으며 나뭇잎을 먹도록 주어졌습니다(계 22:2). 나는 주위를 돌아가며 무지개로 둘러싸인 하나님의 보좌가 높이 들려 있는 것을 보았습니다. 하나님께서 입고 계신 복장은 눈이 부실 정도로 밝게 빛났으며, 각종 보석으로 장식되어 있었습니다(계 4:2-3).
　(새 하늘과 새 땅인) 천국은 구원받은 자들이 거하는 곳입니다. 우리는 영화롭게 변화된 몸을 갖게 될 것이며, 하나님

은 우리를 위해 놀라운 복을 예비해 놓고 계십니다. 우리는 정금으로 포장된 도로 ―내 생각에 할렐루야 거리라고 부르는 것이 합당할― 위를 걷게 될 것입니다. 그리고 성에 이르는 문들은 진주로 만들어져 있습니다(계 21:21). 얼마나 아름다운 곳입니까!

> 기록된 바 하나님이 자기를 사랑하는 자들을 위하여 예비하신 모든 것은 눈으로 보지 못하고 귀로 듣지 못하고 사람의 마음으로 생각하지도 못하였다 함과 같으니라 오직 하나님이 성령으로 이것을 우리에게 보이셨으니 성령은 모든 것 곧 하나님의 깊은 것까지도 통달하시느니라 (고전 2:9-10)

> 우리가 지금은 거울로 보는 것 같이 희미하나 그 때에는 얼굴과 얼굴을 대하여 볼 것이요 지금은 내가 부분적으로 아나 그 때에는 주께서 나를 아신 것 같이 내가 온전히 알리라 (고전 13:12)

이것이 바로 하나님께서 우리를 위해 예비해 놓으신 것입니다. 그러나 우리에게는 또 마음을 다해 땅 위에서 그분을 사랑하고, 의지하며 섬기는 것이 필요합니다.

> 너희는 여호와를 만날 만한 때에 찾으라 가까이 계실 때에 그를 부르라 악인은 그의 길을, 불의한 자는 그의 생각을 버리고 여호와께로 돌아오라 그리하면 그가 긍휼히 여기시리라 우리 하나님께로 돌아오라 그가 너그럽게 용서하시리라 (사 55:6-7)

> 우리가 원수의 손에서 건지심을 받고 종신토록 주의 앞에서 성결과 의로 두려움이 없이 섬기게 하리라 하셨도다 이 아이여 네가 지극히 높으신 이의 선지자라 일컬음을 받고 주 앞에 앞서 가서 그 길을 준비하여 주의 백성에게 그 죄 사함으로 말미암는 구원을 알게 하리니 이는 우리 하나님의 긍휼로 인함이라 이로써 돋는 해가 위로부터 우리에게 임하여 어둠과 죽음의 그늘에 앉은 자에게 비치고 우리 발을 평강의 길로 인도하시리로다 하니라 (눅 1:74-79)

우리가 이러한 사실을 알든지 모르든지 우리에게는 삶의 모든 면에서 하나님이 필요합니다. 하나님은 우리에게 돈이나 그 밖의 다른 물질을 원하시지 않습니다. 그분께서 우리에게 원하시는 것은 기도와 중보기도 그리고 그 밖의 다른 사역들을 통해 당신과 교제하고, 땅 위에서 당신의 사역에 참여하는 것입니다. 나는 아무도 내 앞에서 기도의 중요성을 과소평가 할 수 없을 만큼 기도의 위대성을 경험했습니다.

> 나는 아무도 내 앞에서 기도의 중요성을 과소평가할 수 없을 만큼 기도의 위대성을 경험했습니다.

기도에는 인간과 사회를 변화시키는 위대한 능력이 있습니다. 우리는 하나님과 교제할 때, 그분의 임재하시는 능력을 통해 변화됩니다. 우리는 자신의 정체성과 자신을 향한 하나님의 목적을 발견할 때, 땅 위에서의 그분의 뜻을 성취하게 됩니다. 지금은 기도 응답이 과거 어느 때보다도 신속하게 이루어지는 영적 현현(顯現)의 시대입니다. 따라서 우리는 하나님으로부터 응답을 받기 위해서뿐만 아니라, 기도의 중요성을 다른 사람에게 알리는 일을 위해서도 자신을 준비시켜야 합니다.

우리는 유일한 섬김의 대상이신 전능하신 하나님을 높여야 합니다.

> 그의 성호를 자랑하라 여호와를 구하는 자마다 마음이 즐거울지로다 여호와와 그의 능력을 구할지어다 항상 그의 얼굴을 찾을지어다 (대상 16:10-11)

우리는 많은 곳을 여행하고 다니면서 우리가 사역을 하는 자들에게 기도의 능력이 나타나는 것을 자주 목격할 수 있었습니다. 우리가 진정 원하는 것은 여러분이 본 책에 기록되어 있는 사실과 원리를 받아들여 그것들을 여러분의 삶 가운데 그대로 적용하는 것입니다. 그렇게 하므로 나는 여러분이 지금까지 이 책을 통해 읽은 것들이 얼마나 유익하다는 사실을 발견할 뿐 아니라, 그것들이 여러분의 영혼에 깊숙이 파고들므로 여러분이 기도를 통한 하나님의 축복과 능력을 체험하기 바랍니다.

예수님께서는 이렇게 말씀하셨습니다.

> 이르시되 너희 믿음이 작은 까닭이니라 진실로 너희에게 이르노니 만일 너희에게 믿음이 겨자씨 한 알 만큼만 있어도 이 산을 명하여 여기서 저기로 옮겨지라 하면 옮겨질 것이요 또 너희가 못할 것이 없으리라 (마 17:20)

예수님께서는 21절에서 (이 부분이 우리 성경에는 없음) 제자들에게 그들이 귀신을 쫓아내려 하지만 기도와 금식이 아니고는 그것이 불가능하다는 것을 상기시키셨습니다. 하지만, 그분은 제자들이 먼저 믿음의 능력에 대해 알기를 원하셨습니다. 겨자씨 만한 믿음만 있으면 극복하지 못할 장애물도 물리칠 수 있습니다. 산을 옮기는 것은 우리 자신이 아니라 하나님이라는 사실을 기억할 때, 이러한 진술이 이해가 됩니다. 기도에 능력이 있는 것은 우리의 말이 귀신을 내어 쫓고 병을 치료하거나 구원을 이루기 때문이 아닙니다. 그것은 하나님을 향한 우리의 사랑과 믿음, 그분의 뜻대로 행하는 우리의 순종에 응답해 주시는 하나님과 우리 사이에 그리스도를 통한 교제가 이루어지기 때문입니다.

> 하나님은 우리가 그분을 사랑하고 믿으며 그분의 뜻에 순종할 때, 우리의 기도에 응답해 주십니다.

함께 기도하겠습니다.

합심 기도

거룩하신 아버지,

이 시간 당신의 뜻에 따라 독자들의 기도가 응답되기를 예수님의 이름으로 기도드립니다. 인간의 지혜로 헤아릴 수 없는 당신의 평화와 성령의 인도 하심이 그들에게 임하기를 간절히 원합니다. 독자들이 읽은 이 책에 기록되어 있는 내용이 그들과 영원히 함께 하게 하시고, 당신의 종들에게 그들의 성공적인 삶을 방해하는 모든 장애물을 물리칠 수 있도록 하늘로부터 오는 능력을 주옵소서. 이 책의 독자들이 삶 가운데서 모든 커다란 장애물들을 극복하고, 승리할 수 있도록 성령으로 충만한 단계에 이르게 하옵소서.

예수님의 이름으로 기도드립니다. 아멘.

- Mary K. Baxter, George G. Bloomer

기도 전략을 위한 계획

우리가 기도생활을 잘하려고 하면 전략적 계획이 반드시 필요합니다. 기도하는 법을 배우는 것과 기도를 실천하는 것은 결코 자연스럽게 이루어지는 것이 아닙니다. 그럼에도, 지금까지 살펴본 것처럼, 기도는 우리의 영적 생활을 위해 반드시 필요한 요소입니다. 우리가 기도를 하나의 종교적인 의식이 아닌 삶의 한 방법으로 간주하고 아버지와의 긴밀한 관계를 더욱 발전시켜 나가고 기도의 능력을 체험할 때, 우리는 기도를 삶 가운데 있어 거추장스런 것으로 보지 않고 기도를 중심으로 한 삶을 살게 됩니다.

다음에 소개하는 것들은 이 책의 내용과 원리에 기초한 것입니다. 우리가 기도생활을 발전시켜 나가는 데 지침이 될것입니다. 따라서 여러분의 기도가 일상생활의 한 부분이 되게 하기 위해서 필요한 개인적인 전략과 점검을 위한 질문에 답을 작성하기 위해 스프링 노트나 루스리프식 노트 혹은 기록장을 준비할 것을 권합니다. 그렇게 하므로 하나님과의 관계 개선에 있어 여러분이 쓴 것을 통해 자신이 발전하고 성장해 가는 모습을 비추어보고, 자신의 기도에 대한 응답을 적어보기 바랍니다.

Chapter 1 하나님께서 정말 듣고 계실까?

기도 점검

- 여러분은 날마다 어떠한 기도생활을 경험하고 있습니까?
- 지난날 여러분의 기도가 응답을 받지 못했다고 가정할 때, 그것은 하나님과 여러분 사이의 관계에 어떠한 영향을 미쳤습니까?
- 만약에 여러분이 하나님을 의지하는 것을 포기했다면, 그것은 어떤 이유입니까? 여러분은 하나님께서 어떤 특정한 기도에 대해서는 응답하시지 않는다고 믿습니까? 만약에 그렇다면 그 이유가 무엇입니까?
- 여러분의 기도 가운데 아직 응답받지 못한 것이 있다면, 그 이유가 무엇이라고 생각합니까?
- 우리가 하나님을 의지하고 기도할 때, 그분께서 영적 세계에서 이루시는 것들이 그분의 때가 되면 육적인 세상에서도 나타납니다. 이러한 사실에 비추어 볼 때, 여러분은 '응답받지 못한' 기도에 대한 자신의 생각에 어떠한 변화를 느끼게 됩니까?

전략 계획

1. 항상 하나님과 함께 소중한 시간을 가지므로 그분을 여러분의 삶 가운데 최고의 자리에 모시기 바랍니다. 그분께 여

러분의 생각을 아뢰고, 정직히 자신의 삶을 드리기 바랍니다. 만약에 여러분이 하나님께서 자신의 기도에 응답해 주시지 않았다고 생각하여 그분을 원망하고 있다면, 그분께 용서를 구하고 자신을 그분의 사랑으로 충만케 해달라고 간구하십시오.

2. 여러분의 삶에는 지금 어떠한 변화가 필요합니까? 여러분이 너무 두려워서 하나님께 말씀드리지 못한 것들 가운데 일부를 기록하고, 그것들에 대한 완전한 답변을 위해 매일 기도하기 바랍니다. 그리고 하나님께서 여러분의 삶 가운데 있는 커다란 산들을 옮기시는 기적을 행하고, 여러분에게 당신의 능력을 주시는 것을 지켜보기 바랍니다.

3. 믿음은 마치 하나님께서 듣고 계시지 않은 것처럼 보일 때도, 여러분으로 하여금 기도에 대해 가시적(可視的)인 방법의 응답이 나타날 때까지 기도하는 것을 포기하지 않게 합니다. 믿음은 우리를 인간적인 사고에서 영적인 사고로 바꿔주므로, 우리는 이제 제한된 조건에 따라 생각하거나 행동하지 않게 됩니다. 성경은 여러분의 가장 고통스러운 상황에 대해 어떻게 말하고 있습니까? 성경은 여러분이 하나님을 의지할 때 그분께서 여러분에게 어떻게 하시리라는 것을 말하고 있습니까?

4. 형편을 보지 말고, 하나님을 바라보십시오.

우리 가운데서 역사하시는 능력대로 우리가 구하거나 생각하는 모든 것에 더 넘치도록 능히 하실 이에게 교회 안에서와 그리스도 예수 안에서 영광이 대대로 영원무궁하기를 원하노라 아멘 (엡 3:20-21)

5. 기도의 가장 중요한 요소 가운데 하나는 예수 그리스도를 통해 하나님과 교제하는 것입니다. 여러분이 이러한 교제가 없는 가운데 새로운 삶의 시작을 원한다면, 다음과 같이 진실하게 기도하므로 그것을 가질 수 있습니다.

주 예수님, 제게는 지금 새로운 출발이 필요합니다. 저는 지금까지 당신이 저와 함께 하셨다는 사실을 알며, 제게는 과거 어느 때보다도 당신이 필요합니다.
당신의 이름으로 겸손히 당신 앞에 나아옵니다. 저는 당신이 저의 죄를 위해 돌아가신 하나님의 아들이라는 것을 믿습니다. 저를 모든 죄에서 용서해 주옵소서.
주 예수님, 당신 앞에 저의 마음을 내려놓습니다. 저의 마음 가운데 들어와 저를 성령으로 충만케 하옵소서. 저를 인도하시고, 이끌어 주옵소서. 오늘부터 제가 새로운 출발을 할 수 있도록 허락하신 은혜에 감사를 드립니다. 아멘.

자신의 개인 기도를 아래에 적어 보기 바랍니다.

묵 상
하나님께 돌아가는 유일한 방법은 기도다.

Chapter 2 '방법' 은 하나님께 있음

기도 점검

- 혹시 여러분이 기도 응답을 받고 얼마가 지난 후에야 그것이 기도에 대한 응답이었다는 사실을 깨달은 것이 있다면 그것이 무엇입니까?
- 여러분이 전혀 예상하지 않은 방법으로 기도 응답을 받은 적이 있다면 그것이 언제입니까?
- 여러분은 하나님께서 여러분의 기도에 응답해 주시기를 원하는 어떤 특정한 방법이 있습니까? 있다면 그것이 어떠한 방법입니까?
- 여러분은 하나님께서 여러분이 예상하지 못하거나 원하지 않는 방법으로 응답하실 때, 그분께 어떻게 반응합니까?
- 여러분은 하나님께서 여러분을 가장 유익하게 하기 원하신다는 사실을 진정 믿습니까? 만약에 믿는다면, 또는 믿지 않는다면, 그 이유가 무엇입니까?

전략 계획

1. 하나님의 말씀은 오늘날도 과거와 마찬가지로 살아있습니다. 그러나 우리가 그것을 쉽게 믿으려 하지 않으므로 하나님께서 우리에게 주시고자 하는 것을 받지 못하는 경우가

있습니다. 하나님의 말씀에 의지하여 그분께 여러분의 필요한 것을 구하십시오. 그리고는 한 발짝 뒤로 물러나 하나님께서 당신의 거룩한 뜻과 방법에 따라 여러분의 기도에 응답해 주실 것을 맡기기 바랍니다. 하나님께 기도 응답의 방법을 요구하지 말고, 응답에 대해 감사만 드리기 바랍니다.

2. 여러분이 하나님을 의지하는 것을 쉽게 포기하고서는 기도가 주는 유익한 결과를 결코 체험할 수 없습니다. 하나님은 당신의 약속을 반드시 지키시는 분이라는 것을 확증(確證)해 주는 성경 말씀을 읽고, 그것을 묵상하기 바랍니다(시 119:160, 벧후1:3-4, 히 10:23).

3. 자신의 기도에 대해 전혀 예상하지 못했거나 감사드리지 않은 응답이지만, 지금 생각해 보니 자신에게 가장 유익한 응답이었다는 것을 깨달은 기도 응답에 대해 하나님께 감사를 표하기 바랍니다.

4. 기도하는 것을 절대 포기하지 마십시오!(눅 18:1, 갈 6:9)

묵 상
하나님은 언제나 우리가 생각하는 것보다 위대한 그림을 마음 가운데 갖고 계신다.

Chapter 3 거짓된 신에게서 해답을 찾음

기도 점검

- 여러분은 자신의 인생 문제에 대한 해결책을 찾기 위해 인간적이거나 혹은 사탄에 속한 방법을 의지한 적이 있습니까? 있다면 그것이 무엇입니까? 그리고 하나님을 의지하는 것을 포기한 이유가 무엇입니까?
- 만약에 여러분이 점성술이나 비과학적인 것을 해가 없고 재미있다거나 기독교와 일치하는 것으로 간주했다면, 본 책의 제 3장을 읽은 지금 그것들에 대한 생각이 어떻습니까?
- 여러분이 사탄에 속하는 행동이나 의식에 참여함으로 얻은 유익한 결과가 무엇입니까?
- 여러분은 바리새인들처럼 하나님과 진정한 교제보다 그분의 표적을 원했습니까? 그렇다면, 그 이유가 무엇입니까?
- 하나님께서 여러분에게 미래에 대해 알 수 있는 지식을 주시지 않을 때 그 이유가 무엇일까요?

전략 계획

1. 혹시 여러분이 주술적인 행동이나 사탄에 속한 의식, 점, 굿 또는 그 밖의 다른 신비한 것이나 비과학적인 것들을 한 적이 있다면, 하나님께 철저히 회개하고 용서를 구하십시오.

2. 거짓되거나 사탄에게 속하는 것에서 여러분의 삶의 해결책을 찾으려 하지 말고, 하나님의 지혜와 명철을 구하기 바랍니다. 하나님만이 우리 문제의 진정한 해결자가 되십니다(사 45:6). 그러므로 하나님의 음성에 귀를 기울이기 바랍니다.

3. 여러분은 하나님께서 내 삶을 인도하고, 이끄시도록 허락하는 대신 내가 직접 그것을 하고자 얼마나 노력해 왔는지를 생각해 보기 바랍니다. 여러분의 삶에 대한 통치를 하나님께 맡기고, 자신의 현재는 물론 미래까지도 그분께 의뢰하기 바랍니다. 신명기 33장 26-27절과 로마서 8장 35-39절 말씀을 읽고 묵상하십시오.

4. 자신의 장래를 염려하기보다, 하나님의 완전한 사랑의 확신 가운데 그분을 사랑하고, 의지하며 섬기는 일에만 집중하기 바랍니다(렘 29:11, 행 1:7-8, 엡 3:17-19, 요일 4:16, 사 26:3-4).

5. 하나님을 알며 사랑한다고 자랑하면서 비신앙적인 행동을 하는 사람들에게 속지 않기 위해 하나님의 말씀을 읽고, 연구하는 일에 힘쓰기 바랍니다.

묵 상
하나님이 우리에게 주신 것은 두려워하는 마음이 아니요 오직 능력과 사랑과 절제하는 마음이니 (딤후 1:7)

Chapter 4 아버지와 대화하기

기도 점검
- 여러분은 하나님을 자신의 삶 가운데 가장 우선순위에 모시고 있습니까? 여러분은 하나님을 예배하고, 그분의 음성을 듣기 위해 하나님과 단둘이 정기적인 시간을 갖는 것이 필요하다는 사실을 알고 있습니까?
- 여러분으로 하여금 아버지와 대화하지 못하도록 분산시키는 것에는 어떠한 것들이 있습니까?
- "쉬지 않고 기도한다"라는 것은 무엇을 의미합니까?
- 아버지와 대화하는 것이 가져다주는 유익에는 어떠한 것들이 있습니까?
- 기도할 때 하나님의 음성을 분별하는 핵심적인 방법에는 어떠한 것들이 있습니까?
- 우리와 하나님 사이의 대화가 다른 사람들에게는 어떠한 면에서 유익을 가져다줍니까?

전략 계획
1. 여러분에게 하나님과 대화하지 못하도록 주의를 분산시키는 방해 요인들을 기록해 보십시오. 그리고 이처럼 주의를 분산시키는 요인들을 대처하는 방법들에 대해 생각해 보기 바랍니다. 그것은 사람들이 주위에 있을 때는 하나님과 조

용한 소리로 대화하는 것이 될 수도 있으며, 특별한 기도실을 마련한다거나 문에 "방해하지 마시오."라고 쓴 문구를 걸어 놓는다거나, TV의 소리를 낮추거나 전화선을 빼놓는다거나, 자신의 머릿속에서 그날의 해야 할 것들을 잊는 것 등이 될 수가 있습니다.

2. 하나님의 생각이 여러분의 생각이 되고, 하나님의 길이 여러분의 길이 되기를 위해 기도함으로 그분과 하나가 될 것을 추구하십시오(시 1:1-3, 사 55:8-9). 그리고 하나님의 말씀을 계속 읽고, 연구하고, 묵상하고 말씀에 순종함으로 그분의 지식과 지혜를 깨닫기 바랍니다.

3. 바울이 에베소 교회의 교인들을 위해 기도한 것처럼, 여러분도 자신과 다른 사람을 위해 성령으로 기도해 아버지와 대화하므로 영적으로 튼튼해지기를 힘쓰기 바랍니다.

> 그의 영광의 풍성함을 따라 그의 성령으로 말미암아 너희 속사람을 능력으로 강건하게 하시오며 믿음으로 말미암아 그리스도께서 너희 마음에 계시게 하시옵고 (엡 3:16-17)

4. 기도할 때는 하나님께 여러분의 필요한 것을 구할 뿐 아니라, 그분께 말씀하실 수 있는 시간을 드리고 조용히 기다리

므로 그분의 음성에 반드시 귀를 기울이기 바랍니다. 여러분이 받는 생각과 느낌을 이 책 94, 95쪽에 기록되어 있는 지침에 따라 스스로 평가해 보십시오.

5. 거룩하신 아버지를 예배하고, 그분의 선하심을 찬양하기 위한 기도 시간을 따로 마련하십시오.

6. 종일 하나님께 기도하고 그분을 섬기며, 잠시도 그분에게서 떠나지 않고, 모든 일에 그분을 높이므로 하나님과 계속 대화하는 생활 습관을 발전시키십시오.

묵 상

참으로 담대한 마음으로 내게 가까이 올 자가 누구냐 여호와의 말씀이니라 (렘 30:21)

Chapter 5 주님, 기도하는 것을 도와주소서!

기도 점검

- 참된 겸손이 결여될 때 어떤 불리한 결과가 나타납니까?
- 여러분은 하나님께서 장차 여러분의 삶 가운데 행하시게 될 것을 사람들에게 말하거나 스스로 믿었다가 즉각 의심이나 좌절이란 공격을 받은 적이 있습니까? 그렇다면 그때 어떠한 반응을 보였습니까?
- 여러분은 사람들 앞에서 자신의 '영적인 모습'을 자랑하거나 또는 그렇게 보이기 위해 기도한 적이 있습니까? 여러분은 다른 사람이 그렇게 하는 것을 볼 때 그것에 대해 어떻게 생각하겠습니까? 이렇게 기도를 할 때, 우리가 잃는 것은 무엇입니까?
- 여러분이 구하기도 전에 하나님께서 여러분에게 있어야 할 것을 아신다는 사실을 기억할 때, 여러분의 기도는 어떻게 달라질까요? (마 6:7-8).
- 여러분은 다음의 진술에 견해를 같이합니까? "나의 삶에 대한 하나님의 뜻이 무엇이든, 그것은 당연히 옳지." 동의할 경우 혹은 동의하지 않을 경우, 그 이유가 무엇입니까?
- 여러분이 형통할 때만 기뻐하는 경향이 있다면 고통스러울 때도 기뻐하는 것을 배우는 방법에는 어떤 것이 있습니까?

전략 계획

1. 여러분에 대한 하나님의 뜻과 약속을 마귀가 의심이나 혹은 낙심을 통해 공격해 올 때는 하나님께 끝까지 포기하지 않고 믿음을 지킬 수 있도록 능력을 주시고 인도해 주실 것을 간구하십시오.

2. 하나님과 항상 대화의 통로를 열어놓기 위해 여러분의 삶 가운데 자신이 아는 모든 죄에 대해 회개하고 용서를 구하며, 다시 하나님의 성품과 길을 따르기 바랍니다. 나아가 하나님께 여러분의 숨은 죄까지 보여주실 것을 구하므로 그것들을 회개하십시오(시 19:12-13).

3. 마태복음 6장 9-13절에 기록되어 있는 예수님의 기도 형태와 그 내용을 재음미하기 바랍니다. 비록 잘 아는 내용이지만, 그것을 다시 읽고 주의 깊게 고찰하기 바랍니다. 그리고 그것의 주제와 내용을 자신의 기도생활에 적용하기 바랍니다.

4. 예수님은 "내 원대로 마시옵고 아버지의 원대로 되기를 원하나이다"(눅 22:42)라고 기도하시므로 우리에게 아버지를 향한 훌륭한 순종의 본을 보이셨습니다. 여러분은 자신의 삶의 통치권을 하나님께 양도하는 것에 있어 어려움이 있습니까? 여러분은 지금 하나님의 뜻이 아닌 것들을 위해 시간

을 낭비하고 있습니까? 바벨탑의 건축은 시간과 물질의 낭비였으며, 거기에 참석한 자들의 삶에 혼란과 무질서만을 가져다주었다는 사실을 기억하기 바랍니다(창 11장). 하나님께 그분의 뜻을 따르기 원하는 마음을 주실 것을 구하십시오. 다윗은, "주의 구원의 즐거움을 내게 회복시켜 주시고 자원하는 심령을 주사 나를 붙드소서" (시 51:12)라고 기도했습니다. 빌립보서 2장 13절은 우리에게 이것에 대해 확신을 주고 있습니다.

> 너희 안에서 행하시는 이는 하나님이시니 자기의 기쁘신 뜻을 위하여 너희에게 소원을 두고 행하게 하시나니 (빌 2:13)

5. 여러분이 자신의 삶 가운데 감사하는 것들의 목록을 적어 보십시오. 그리고 하나님께 감사를 표하기 바랍니다.

6. 예수님의 모범적인 기도는, "나라와 권세와 영광이 아버지께 영원히 있사옵나이다 아멘" (마 6:13)이란 말로 끝나고 있습니다. 여러분의 기도생활 속에 진정한 예배와 찬양과 감사가 나타나게 하십시오.

묵 상
나라가 임하시오며 뜻이 하늘에서 이루어진 것 같이 땅에서도 이루어지이다 (마 6:10)

Chapter 6 기도 응답의 장애물 극복하기

기도 점검

- 교만한 사람이 피하려 하는 것이 무엇입니까? 그럼에도 불가피하게 따라오는 것이 무엇입니까? (잠 11:2)
- 메어리 백스터는 자기가 하나님의 계시를 받는 데 있어 용서가 필수적이었다고 말했습니다. 여러분은 그 이유가 무엇이라고 생각합니까?
- 우리가 하나님의 말씀 안에서 자랄수록 종종 많은 도전에 직면하게 되는 이유가 무엇입니까?
- 여러분은 신앙생활에 있어 과실을 범하거나 넘어질 때 어떻게 해야 합니까? 과실은 어떠한 면에서 우리의 삶에 유익이 됩니까?
- 메어리 백스터는 사람들을 파괴적이고, 하나님의 뜻과 목적에 반(反)하는 행동을 하도록 유혹하는 '미혹하는 마귀'에 대해 말했습니다. 여러분은 자신의 삶 가운데 있어 어떠한 유혹을 물리치는데 가장 어렵습니까?
- 기도 응답의 장애물을 물리치는 가장 좋은 방법은 무엇입니까?

전략 계획

1. 우리는 각자 다른 사람들보다 특별히 많은 어려움을 겪는 부분이 있습니다. 그러나 어떤 면에서 우리는 모두 기도 응답에 있어 다음과 같은 장애물들과 싸우고 있습니다.

그러므로 하나님께 이러한 것들이 여러분 자신의 개인적인 행복뿐 아니라 여러분과 하나님 그리고 다른 사람들과의 관계에 어떠한 영향을 미치게 될 것인지를 보여주실 것을 기도하며 하나하나 살펴보기 바랍니다. 하나님께 당신의 영을 통해 여러분으로 하여금 그것들을 극복함은 물론, 여러분을 성령의 열매로 충만케 해주실 것을 간구하십시오(롬 8:13-14, 갈 5:22-23).

- 정결한 마음의 결여 (여기에는 하나님께 대한 부정직과 자신의 본성을 은폐하는 것, 그리고 자신의 실제 상황을 부정하는 것이 포함됨)
- '더욱더 중요한 것을 무시함' (여기에는 죄를 범하면서도 두려워하지 않으며 하나님의 성품과 일치하는 사랑과 긍휼, 공의 보다 종교적인 의식과 형식에 초점을 두는 행위가 포함됨)
- 분노와 용서하지 않음(여기에는 원망하는 마음과 다른 사람에 대한 사랑의 부족, 원한을 품고 쉽게 화내는 것이 포함됨)
- 교만 (여기에는 자신의 과실을 인정하지 않고, 스스로 자신

의 잘못을 바로잡거나 자신의 잘못된 행동을 바꾸지 않으며 하나님을 향해 강퍅한 마음을 갖는 것이 포함됨)
- 영적 성장의 결여 (여기에는 중생의 체험과 영적 성장을 위해 필요한 하나님의 영을 받는 것에 무관심하므로 하나님의 말씀에 대해 '젖'을 먹는 단계에서 '고기'를 먹는 단계로 발전하지 못하는 것이 포함됨 (고전 3:2, 히 5:12-14)

2. 여러분이 시험을 물리치는 데 있어 가장 어려운 부분이 무엇이든 간에, 하나님께 여러분의 보호, 즉 시험의 배후에서 그것을 조종하는 마귀의 세력으로부터의 구원을 위해 필요한 은혜와 예수님의 보혈을 구하고, 성령의 능력을 통해 시험을 물리칠 수 있는 능력을 구하는 기도를 하기 바랍니다.

묵 상

영으로써 몸의 행실을 죽이면 살리니 무릇 하나님의 영으로 인도함을 받는 사람은 곧 하나님의 아들이라 (롬 8:13-14)

Chapter 7 헌신적인 삶

기도 점검

- 여러분은 하나님과 단둘이서 긴밀하고, 조용하게 보내는 시간을 얼마나 자주 갖습니까? 그것을 통해 여러분은 어떠한 경험을 했습니까?
- 여러분은 문제나 걱정거리가 있을 때 하나님을 찾아갑니까? 아니면 자신의 삶에 대한 조언을 주로 가족이나 친구, 지인(知人) 혹은 사회적 유명 인사에게 의지합니까?
- 여러분은 하나님께 더욱 가까이 나아갈 수 있음에도, 그분에게서 멀리 떠나거나 그분의 말씀에 순종하지 않으므로 영적인 고통을 당하고 있지는 않습니까?
- 메어리 백스터가 자신에게 나타난 환상을 통해 '헌신적인 삶'과 '자기를 죽이는 것'에 대해 깨달은 것이 무엇입니까?
- 고통과 시련 중에도 마음의 평안을 누릴 수 있는 가장 확실한 곳은 어디입니까?

전략 계획

1. 예수님의 '멍에'를 멜 때, 우리는 시련과 어려움 가운데서도 평화와 능력을 누릴 수 있습니다. 그것은 우리에게 있어 대단히 필요한 예수님과의 긴밀한 관계를 발전시켜 나가는 데도 도움이 됩니다. 마태복음 11장 28-30절에 기록되어 있

는 예수님의 초청을 받아들이므로 여러분의 삶 가운데 그분의 임재와 인도하심을 통해서 오는 기쁨과 안식을 누리기 바랍니다.

- "내게로 오라": 자신의 뜻을 예수님께 복종시키고, 그분께서 내 삶의 주인이 되신다는 것을 시인하십시오. 예수님의 이름으로 아버지께 나아가 그분과 함께 하는 시간을 갖기 바랍니다. 여러분의 문제를 아버지 앞에 내려놓고, 그분께 삶에 대한 조언과 인도를 구하므로 자신의 짐에서 벗어나기 바랍니다.

- "나의 멍에를 메고": 여러분의 삶 가운데 그분에게서 오지 않은 짐을 깨닫도록 도와주실 것을 예수님의 이름으로 간구하십시오. 하나님께 그것들을 떨쳐 버리고, 그분의 뜻에 따라 자신의 견해와 우선순위를 바꿀 수 있도록 도와주실 것을 기도하십시오. 우리의 능력으로는 모든 것을 다 할 수 없습니다. 그러므로 하나님께 여러분이 해야 할 것이 무엇인지를 깨달아 그분의 능력 안에서 그것을 할 수 있도록 도와주실 것을 구하기 바랍니다.

- "내게 배우라": 기도를 통해 예수님과 정기적으로 조용히 대화하는 시간을 가짐으로 그분의 음성을 분별하는 법을 배우고, 그분으로부터 지혜와 지식과 인도를 받기 바랍니다. 많은 시간을 바쳐 하나님의 말씀을 연구하므로 그분의 참된 생각과 길을 깨닫기 바랍니다. 성령께 여러분이 읽은 말씀

가운데 자신의 현재 상황에 특별히 필요한 것들을 생각나게 해주실 것을 구하십시오.

2. 하나님이 여러분에게 맡기신 사명을 실현하는 헌신적인 삶에는 기도와 말씀 연구 그리고 다른 사람을 위한 중보기도가 필요합니다. 하나님께 여러분이 성령의 인도 하심에 따라 이러한 것들을 할 수 있도록 도와주실 것을 간구하십시오. 헌신은 결코 가혹한 것이 아닙니다. 하나님은 여러분이 균형 있고, 풍성한 삶을 살기 원하십니다(요 10:10). 헌신에는 우리의 이기적인 욕심과 죄성은 죽고, 대신 하나님의 생각과 방법으로 채우는 것이 포함됩니다. 하지만, 이것이야말로 우리에게 종국적인 자유와 기쁨을 가져다줍니다. 자신의 삶을 흠 없고 하나님께서 기뻐하시는 제물로 바치고, 항상 순종하는 삶을 살게 해주실 것을 간구하십시오.

묵 상

그러므로 형제들아 내가 하나님의 모든 자비하심으로 너희를 권하노니 너희 몸을 하나님이 기뻐하시는 거룩한 산 제물로 드리라 이는 너희의 드릴 영적 예배니라 (롬 12:1)

Chapter 8 중보기도자의 자세와 자격

기도 점검

- 여러분은 많은 사람들이 하나님을 향한 경외심이 부족하고, 그분을 떠나 파멸적인 삶으로 빠져 들어가는 오늘날 "무너진 데를 막아 서서" 우리나라와 세계를 위해 기도할 준비가 되어 있습니까? (겔 22:29-30)
- 예수님과 성령께서 여러분을 위해 중보기도하고 계시다는 사실을 아는 것은 여러분의 기도에 대한 견해와 습관에 어떠한 변화를 줍니까?
- 여러분은 "긍휼히 여기는 마음이야말로 기적의 발원지(發源地)"라는 J. 로드만 윌리암스(J. Rodman Williams)의 진술을 어떻게 생각합니까? 여러분에게 있어 지금 하나님의 긍휼하심이 필요한 사람은 누구입니까?
- 여러분은 다른 사람을 위해 '열심히' 기도해본 적이 있습니까? (골 4:12)
- 본 장에 기도의 위대한 능력을 갖춘 자와 자기를 위해 기도해줄 사람만을 항상 찾아다니는 사람 사이에 한 가지 차이점이 있다면 그것이 무엇입니까?

전략 계획

　1. 자신과 다른 사람을 위해 기도할 때 요한복음 17장에 기록되어 있는 예수님께서 모든 믿는 자들을 위해 기도할 때 사용하신 주제들을 그대로 적용하기 바랍니다. 예수님은 ① 당신께서 아버지와 하나가 되신 것처럼 믿는 자들이 서로 하나가 되어 살고, ② 우리로 당신과 똑같은 기쁨을 갖게 하시며, ③ 악으로부터 보존되고, ④ 하나님의 진리로 거룩해지며, ⑤ 다른 믿는 자들과 아버지 그리고 아들과 더불어 하나가 되며, ⑥ 이러한 하나 됨을 통해 세상에 복음의 진리를 전하고, ⑦ 장차 예수님과 함께 거하고 그분의 영광을 볼 수 있기를 위해 기도하셨습니다.

　2. 아버지께 성령으로 세례를 주셔서 여러분이 하나님의 뜻에 합당한 기도를 할 수 있도록 ―자신의 모국어를 통해서든, 아니면 성령께서 주시는 방언을 통해서든― 도와주실 것을 구하십시오.

　3. 훌륭한 중보기도자에게 요구되는 자질들에 초점을 두고 자신의 삶 가운데 그것들을 발전시켜 나갈 것을 추구하며 제 8장의 내용을 재음미하기 바랍니다.
　　● 예수 그리스도 및 성령과 하나가 됨: 여러분은 하나님의 나라가 임하고, 그분의 뜻이 하늘에서 이루어지는 것처럼 땅에서

도 이루어지기를 위해 기도합니까? (마 6:10)

- 자원하는 마음과 신실: 여러분은 세상에서 하나님의 일이 이루어지기 위해 기꺼이 기도하고, 그것을 위해 열심히 노력하고 있습니까? (골 4:2)

- 하나님께 대한 경외와 의로움: 여러분은 하나님의 이름을 높이며, 그분과 올바른 관계에 있습니까? (고전 6:16-7:1)

- 하나님에 대한 지식: 여러분은 하나님의 능력과 위대하심을 아십니까? (왕하 19: 15)

- 하나님 안에서 자신에 대한 지식: 여러분은 예수 그리스도를 통해 하나님의 자녀가 된 자신이 어떠한 신분이라는 것을 아십니까? (골 2:10, 롬 8:16-17)

- 믿음: 여러분은 하나님의 말씀을 읽으므로 자신의 믿음이 자라기를 힘쓰고 있습니까? (롬 10:17) 여러분은 자신의 인간적인 지식이 아닌 하나님으로부터 오는 계시를 의지합니까? (히 11:1)

- 긍휼: 여러분은 사람들의 필요한 것에 대해 동정심을 갖고 그것을 들어주신 예수님의 본을 따르며, 하나님의 긍휼하신 마음으로 다른 사람을 위해 기도하고 있습니까? (마 9:36-38)

- 오래 참음과 인내: 여러분은 어려움을 당하거나, 실패하고 넘어지면 포기하고 하나님을 떠납니까? 아니면, 끝까지 포기하지 않고 하나님께 나아가 자신을 회복시켜 주고, 어려움을 극복할 수 있게 해주실 것을 구합니까? (눅 18:1-8, 갈 6:9)

4. 바울이 골로새 교회 성도를 위한 에바브라의 기도를 칭찬한 것처럼, 다른 사람과 그들의 필요한 것을 위해 기도할 때는 절대 포기해서는 안된다는 사실을 명심하기 바랍니다.

> 그가 항상 너희를 위하여 애써 기도하여 너희로 하나님의 모든 뜻 가운데서 완전하고 확신 있게 서기를 구하나니 (골 4:12)

묵 상
중보기도자와 전능하신 하나님 사이의 대화를 가능케 하는 기도는 포로된 자를 자유케 하는 능력이 있다.

Chapter 9 구원과 기도 응답에 대한 환상

기도 점검

- 여러분의 사랑하는 가족이나 그 밖의 다른 사람들이 그들의 잘못으로 말미암아 고통을 당하거나, 혹은 자신을 파멸로 인도하는 길을 가고 있다면, 여러분은 그들을 위해 어떻게 기도해야 합니까? 또 그들을 위해 기도할 때, 피해야 할 것은 무엇입니까?
- 우리가 기도한 후, 종종 마귀가 천사를 동원해 고통을 가져다주는 이유가 무엇입니까? 그러한 공격에 대해 우리는 어떻게 대응해야 합니까?
- 우리는 하나님 나라의 전복을 위한 마귀의 기도(企圖)가 이미 패퇴(敗退) 당했다는 사실을 어떻게 알 수 있습니까? (계 12:7-11, 20:2-3,10, 눅 10:17-20, 골 2:15)
- 메어리 백스터는 예수님께서 그녀에게 보여주신 오늘날 많은 사람들이 지옥에 가는 이유에 대해 어떻게 말했습니까? 우리는 그것에 어떻게 대응해야 합니까?
- 본 장이 강조하는 대로, 우리의 중보기도가 필요한 이유가 무엇입니까?

전략 계획

1. 여러분은 지금 '내일' 구원받겠다는 생각으로 그것을 미루고 있지는 않습니까? 엘리야가 이스라엘 백성에게 제시한 질문에 답하고, 예수님을 구원자와 여러분 삶의 주인으로 이 시간 영접하기 바랍니다(왕상 18:21). 여러분으로 하여금 하나님과 진정한 교제가 없이도 살아갈 수 있다고 믿게 하려는 사탄의 유혹을 물리치고, 언제든지 그러한 의심이 들때마다 하나님께 나아가기 바랍니다. 더 늦기 전에 하나님 앞에 나아가십시오. 그리스도 안에서 하나님과 화목하므로 새로운 피조물로 거듭날 것을 권합니다(고후 5:17).

2. 메어리가 본 환상 가운데 나타난 남자들처럼, 여러분이 아는 사람들 가운데 자기들의 삶에 대한 하나님의 소명을 이루지 못하도록 방해받는 자들을 위해 중보기도하기 바랍니다. 하나님께 그들을 장애물로부터 자유케 하시고, 얽매인 상태에서 구원해주실 것을 위해 간구하십시오. 그들이 하나님께 순종하고, 하나님과의 관계가 회복되며, 가정이 복을 받고, 주께서 그들의 삶의 모든 면을 치유해 주시기를 위해 기도하십시오. 그들이 하나님의 말씀을 열심히 가르치는 경건한 교회에 출석하고, 하나님과 그분의 뜻에 항상 초점을 두는 삶을 살도록 기도하기 바랍니다.

3. 다른 사람의 치유와 구원을 위해 기도할 때, 그들의 필요한 것(예를 들면, 건강이나 하나님께서 영광을 받으실 수 있는 특별한 상황, 혹은 마귀로부터의 공격 등)에 따라 구체적으로 기도할 수 있도록 하나님께 분별력을 구하십시오.

4. 여러분이 주위에서 발견하는 '보다 적게' 필요한 것들을 위해서는 기도하고, 더욱 큰 문제들에 대해서는 믿음을 갖기 바랍니다. 기도를 습관화하므로 하나님께서 행하시는 것들을 볼 때, 여러분은 기도에 대한 지식과 체험 가운데 더욱 자라게 될 것입니다.

묵 상

사탄의 어둠은 하나님의 빛과 결코 비교될 수 없다.

정말 영적기도의 비밀은 있습니다
(A DIVINE REVELATION of PRAYER)

발행일	2010년 10월 25일
2쇄	2016년 02월 19일
지은이	메어리 K. 백스터
옮긴이	조용만
펴낸이	장사경
해외마케팅팀장	장미야
편집디자인	송지혜
펴낸곳	Grace 은혜출판사
출판등록	제 1-618호(1988. 1. 7)
주소	서울 종로구 종로 65길 12-10
전화	(02)744-4029　　**팩스**　(02)744-6578

ⓒ 2016 Grace Publisher. Printed in Korea
ISBN　978-89-7917-884-5　03230

이 출판물은 저작권법에 의해 보호를 받는 저작물이므로 무단 전재와 무단 복제를 할 수 없습니다.